# 区块链

## BLOCKCHAIN 之

## 通证化激励与管理

冯录 苏博 编著

企业管理出版社
ENTERPRISE MANAGEMENT PUBLISHING HOUSE

图书在版编目（CIP）数据

区块链之通证化激励与管理 / 冯录, 苏博编著. —北京：企业管理出版社, 2020.7
ISBN 978-7-5164-2151-2

Ⅰ.①区… Ⅱ.①冯… ②苏… Ⅲ.①企业管理—激励—研究 Ⅳ.①F272.92

中国版本图书馆CIP数据核字（2020）第098305号

| | |
|---|---|
| 书　　名 | 区块链之通证化激励与管理 |
| 作　　者 | 冯录　苏博 |
| 责任编辑 | 陈静 |
| 书　　号 | ISBN 978-7-5164-2151-2 |
| 出版发行 | 企业管理出版社 |
| 地　　址 | 北京市海淀区紫竹院南路17号　邮编：100048 |
| 网　　址 | http://www.emph.cn |
| 电　　话 | 编辑部（010）68701661　发行部（010）68701816 |
| 电子信箱 | 78982468@qq.com |
| 印　　刷 | 三河市荣展印务有限公司 |
| 经　　销 | 新华书店 |
| 规　　格 | 145毫米×210毫米　32开本　9.375印张　183千字 |
| 版　　次 | 2020年7月第1版　2020年7月第1次印刷 |
| 定　　价 | 58.00元 |

版权所有　翻印必究　·　印装有误　负责调换

# 序
# Foreword

　　Token Economy 最早是由美国行为学专家在 20 世纪 50 年代提出来的。当时这些专家发现，在幼儿园、医院、疗养院等相对封闭的社群当中，使用具有价值意义的符号，比如画在公告栏里的小红花、小星星等，配合一定的制度安排，可以大大提升管理效率，并且鼓励自组织秩序的建立和运行。在这里，Token 其实是一种信号，一条指令，一个信息单位，当所有人都了解其含义，并且愿意按照 Token 所代表的社会契约行事的时候，混乱将被降低，秩序将得以建立，人们将能够合理地对未来做出预期，并开展合作。

　　由此可见，Token 从一开始就是一种建立合作秩序的制度工具，Token Economy 也就是一种通过组织内激励鼓励协作的机制和活动，这是它的底色。Token 是激励制度的标识、符号和激励计量单位。很显然，货币和各种证券以及金融合约都是 Token，但 Token 不止于金融品。在中国，Token 先是被计算机学者翻译为"令牌""信令"，后来被数字货币的早期支持者译为"代币"。

2017年底,我建议将其译为"通证",至今已经获得不少的支持。与之对应,将通证作为价值凭证和激励指令、以现代信息网络作为载体、以信息通信技术的有效使用作为效率提升和结构优化的重要推动力的一系列经济合作活动,我称之为"通证经济"。

通证经济包括四个部分,分别是数字资产、算法激励、开放金融和自协组织。三年以来,我几乎将所有的精力都投入通证经济的研究和探索当中,应该说已经看到其轮廓和框架从地平线缓缓升起。我坚信通证经济将成为数字经济时代经济学的一个新的应用分支,成为企业家和管理者的新工具,也会有机会走入大学课堂,成为学习和研究的对象。

那么其意义何在呢?

从经济学上来说,通证经济将使要素市场数字化。

微观经济学有一个很基本的市场模型,这个模型假设社会经济由两个部门参与,一个是家庭部门,一个是厂商部门。这两个部门在两个市场上分别进行交易。其中一个市场叫作产品市场,在这个市场里,家庭部门支付货币,从厂商获得产品和服务。另一个市场是要素市场,在这个市场里,供需角色正好是倒过来的,家庭部门提供生产要素,包括劳动、土地、资本、知识、技术、管理以及数据,企业是需求侧,支付货币或者金融资产。企业为劳动支付的叫工资,为土地支付的叫地租,为知识技术管理支付的也叫工资,而企业家获得的要素收入是利润,为资本支付的叫利息。

经过30年的发展，产品市场的数字化已经接近尾声，而要素市场的数字化才刚刚开始。通证经济就是要用通证去代表各种要素以及价值，利用区块链、智能合约等先进技术手段，使企业能够在互联网上组织大规模的生产性协作。

我们假设在一个组织当中建立和维系秩序所需要的成本为K，其中一部分由管理者支付，称为管理成本M，而另一部分是组织内各个成员通过自觉遵守规则而支付的成本，称为S。很显然，S越大，则所需的管理成本M就越小。如果组织内的所有个体在没有管理的情况下都不遵守甚至破坏制度，那么要维系秩序，M必须至少等于K，也就是说组织的管理者必须完全依靠强制手段监督每一个人的每一个行动。如果是这样，可以说人类在世界上根本形不成有效的协作，其境遇比之于独居的野兽将会更糟糕。

关键在于如何提高S，S越高，则在一个范围内建立维系秩序所需要的M就越少，或者说，具有固定的M，能够建立更大范围的合作秩序。如何提高S呢？一个办法是通过思想教育，让人们在一定范围内放弃趋利避害的本能，遵循制度约束而做出利他的行为。但这种方式的能力在时间和空间上都是有限的。主要办法还是靠激励，让人们觉得遵循制度能够带来立竿见影的好处，从而自觉自愿地支付制度成本。

通证经济的突出优势之一是网络效应。如果一个通证经济处在一个可以自由扩张的开放环境下，而且其制度本身具有经济学中所谓的网络外部性，也就是说加入这个制度网络的人越多，每一个人从中获得的好处就越大，相应的通证在这个网络中也就越"好使"，效用越大，那么这个网络将会不断地扩张。显然这是一个正反馈的过程，网络不断扩张，制度和通证不断自我加强，反向促使网络进一步扩张。达到一定规模和强度之后，就出现了强有力的自觉秩序，也就是说网络当中的普遍参与者自觉主动地维系整套制度，不再需要或者不再主要依赖权威来提供保障。这个时候，S 的水平就非常高，并且越来越高。

因此，通证经济本身并不一定以分布式和去中心化为起点。相反，通证经济的创建可以通过中心化的方式来进行，但是其充分发展将导致一种分布式的自觉合作制度的扩张和增强。

以前的 Token Economy，受限于地理和组织边界，无法将网络效应发展到较高的水平，而互联网特别是区块链的出现，使通证经济的规模和强度扩张都可以达到前所未有的程度。因此，通证经济并不等于 Token Economy，而是 Token Economy 在数字经济时代的大升级。

通证经济的突出优势之二是其高精度。借助丰富多彩的通证、无所不在的网络和高性能的信息系统，通证经济能够对每一个人、每一台设备的贡献进行精确的、实时的测量，据此进行激励的发放和效果的评估，并不断优化。这套迭代逻辑当然在人类现行管理实践当中早就存在，但是通证经济在时间和效果方面的精度，比现有的机制强若干个数量级。这将会引起管理和协作的根本变革。这是通证经济的刚性优势。

通证经济的第三个突出优势是透明公平。一个有长期可持续发展的生命力和网络扩张能力的通证经济，其激励规则肯定是比较公平的。而区块链、智能合约等基础设施确保了规则的透明性和刚性。在通证经济之下，每个人不需要担心执行层面人为的扭曲变形和投机主义，只需要按照激励规则所约定的条件提交成果，就可以获得通证激励。

通证经济还有一系列的优势，但也存在一定的门槛。特别是在今天，技术条件和制度环境都对通证经济的落实有一定的限制。但是这个新的工具，相对于传统的工具，实在具有太强的优势，因此不仅从长期来讲这个趋势无法阻挡，而且在短期之内，也有一些企业在尝试和探索中尝到了甜头。因此我鼓励企业家们从现在就开始研究如何利用通证经济来强化自己的组织，甚至在网络上建立分布式自协组织。

本书的两位作者是我多年的合作伙伴，在我们共同工作期间，为通证经济早期思想的探索做出了重要的贡献。之后他们又结合具体的管理实践，对通证激励在组织管理中的落地应用获得了第一手的经验。这本书用通俗的语言将通证经济的一些基础理论和他们的实践进行了总结，我相信对于希望尽快开始实践通证经济的企业来说，是有助益的。

当然，通证经济的研究总体来讲还处在早期阶段，我也希望能够看到两位作者不断总结提升，为通证经济的发展做出更多开拓性的贡献。

孟　岩

2020 年 4 月

# 前言
## Preface

**为何写作本书**

　　2019年开年以来，国内的舆论就互联网企业实行的一种叫作"996"的工作制度激烈辩论。所谓"996"，就是每天早上9点上班，晚上9点下班，每周工作6天的一种工作方式。不仅有著名互联网公司的领导者（如马云、刘强东）、广大的白领一族和各种自媒体，还有主流媒体如新华社、人民日报等都先后加入了这场辩论之中。该话题之所以能够引起持久而广泛的辩论，核心矛盾点在于：年轻一代的职员不再迷信成功企业家以"拼搏奋斗"为名，号召他们牺牲自己的休闲时间去超时限工作，他们正越来越在意对自身权益的维护，不愿再任凭雇佣者对其发号施令。

　　在笔者看来，这种企业组织中劳资双方的对立争辩必然会爆发。因为，随着技术的发展、时代的变迁，组织越来越向协作共生、互利共赢的新范式演变，这在本书的论证中已得出了明确的结论。只不过令人意外的是，我们的结论刚刚言毕，就有了现实的演绎。

　　对马云、刘强东等企业家将"996"工作制与奋斗、拼搏等挂钩的言论，主流媒体和绝大多数网民，进行了热烈的讨论和批驳，认为超越个人自愿的强制"996"工作制，既不人道也不符合法律，更不能作为评判是否具有奋斗拼搏精神的标准。实际上，从本书所持的未来组织演进趋势是通证化强协作的视角来看，此次就强制"996"工作制的舆论反弹，背后隐藏的逻辑是，在今天的新时代，人们越来越不能接受并非基于自愿和自我实现的强制性、命令式的工作方式，过去组织和个人的对立、博弈关系越来越不能适应时代，人们越来越要求与组织处于对等、互利、共赢的关系之中。这也就是本书提出区块链之通证化激励与管理的出发点和落脚点。

通证化激励是基于技术发展和时代变迁背景下的人类协作新范式而提出的一种新型的组织人员激励和管理体系。通证化激励强调充分尊重和激活个体的潜力，充分保障个体价值所带来的权益，充分激发组织中人们的协作价值，使组织成为一个共创、共享、共荣以及公平、对等的超强协作网络，从而不断提升效率和增进创新，以最大化地创造价值。

通证化激励源于区块链技术的发展与实践带给我们的启示，是将区块链背后的激励原理和机制抽象出来，应用于现有企业组织以促进其向更加高效、有力的强协作体转变的方法及工具体系。由于通证化激励体系整合并贯彻了各种激励理论的理念和原则，因而使其应用在企业组织中具有超强的激励效果。不仅如此，通证化激励还将激励和绩效考核进行了有机统一，使其可以作为一种有效的目标管理的抓手和工具。它不仅吸收了以往各种目标管理手段和方法的核心思想，还有效规避了以往一些目标管理工具的不足之处。

基于技术的促进和人们整体的文化价值观的改变，我们认为，未来的组织将是通证化强协作组织。通证化组织的特点是打造人类社会前所未有的新的规模灵活、边界弹性、协作超强的平台。这样的协作组织将打破传统科层式组织下等级制度和官僚主义缺陷，这将使组织具备不同于传统经济活动的威力。它将降低个体参与经济活动的门槛，人人可以参与创造价值并实时分享价值；它基于去中心化、透明规则和共识机制，开放账目、开源规则，使参与者能够即时感受公平和获得感；而且基于通证的价值流转十分方便和快捷，通证化组织的经济体系具有超高流动性。所以，在通证经济体系中，人们的参与积极性能够被极大激发，并且愿意相互妥协、付出牺牲，共同按照某个共识推动一个目标的达成，从而使得组织的价值输出呈螺旋上升态势。一个能将个人和团体利益同时最大化的体系，总是能吸引越来越多的人加入其中，实现大规模的超强协作。

"罗马不是一天建成的"。原有的传统企业组织要向新的范式演进，会受到观念滞后、既得利益的束缚和牵绊。将通证化激励应用于传统的企业组织激励与管理中，不仅可以提升企业效率，还可以促使其循序渐进地向适应新时代的新组织范式迭代和演进。这便是本书内容提供的解决方案所要解决的问题，即提供一套将通证化激励应用于传统企业组织的人员激励与管理的方法、工具，提高传统企业组织效率和效益的同时，推动其逐渐向适应未来发展趋势的组织新范式平稳过渡。

## 本书主要内容

本书首先基于对区块链及通证经济的基本概念、基本逻辑和基本理念的梳理，指出了未来新的人类协作范式。在此基础上，将区块链网络背后蕴藏的激励与协作原理抽象出来，形成应用于传统企业组织的通证化激励体系。结合企业组织的特点，我们介绍了将通证化激励应用于企业组织的方法、工具及其详细使用规则，并对本书提出的通证化激励体系，在激励和人力资源目标管理两个维度上的优势进行了理论性的论证。最后，我们介绍了将通证化激励体系在企业组织中进行落地应用的操作框架和步骤。附录部分，我们介绍了一种支撑通证化激励实施的 SAAS 工具平台的设计草案。

## 本书特色

在内容价值方面，本书提出了通证化激励的概念及其方法和工具体系，并系统提出了将通证化激励应用于现有企业组织的操作框架和步骤。因此，创新是本书最大的特色。

在写作手法方面，本书论证力图严谨，理论与实践相结合；语言通俗易懂，便于理解。

## 本书适用对象

本书适合作为广大企业组织负责人、中高层管理者进行经营管理方法革新的参考书。本书还适合作为高等院校企业管理、经济管理、工商管理等相关专业或课程的教材。

## 致谢

全书由冯录领衔进行总体内容策划和创作。全书包括5章正文和附录。其中，第1章由孟岩、冯录撰写；第2章由苏博撰写；第3、4章由冯录、苏博、水冰撰写；第5章由冯录、苏博、水冰撰写；附录由苏博撰写。冯录对全书进行统稿。

与此同时，在通证化激励体系的研发过程中，还得到了很多专家、同事和朋友的支持和帮助，在这里一并表示感谢。

特别要感谢区块链研究专家、通证经济发起人孟岩对本书关于区块链和通证经济的理论支持，他是国内通证经济研究领域的资深探索实践者，他的学习研究热情和毅力，令人叹服！感谢他为本书的底层理论建构付出的巨大努力！

感谢在本书写作过程中，通正道捷公司团队给予的支持和帮助！感谢蔡佳兴在通证化激励的数值规则方面提供的专业支持！感谢欧阳璟在通证SAAS系统平台设计方面提供的支持！感谢任真、韩旭在对本书所述内容的讨论中给予的意见和建议！

感谢刘铁峰先生在通证化激励体系的技术研发和支持方面提

供的大力帮助!

**勘误和支持**

由于笔者水平有限,编写时间仓促,加之本书的内容是全新的主题,书中难免会出现一些不妥或者不准确的地方,恳请读者批评指正。我们已经就本书的主题建立了"通证化激励攻关小组"社群,共同推动通证化激励体系在广大企业组织中落地生根。如果您有任何宝贵意见或建议,或者有志于参与通证化激励体系的探讨和完善,请加入我们:

(1)请添加微信(fengtele99),备注标明"《区块链之通证化激励与管理》读者";

(2)管理员通过申请后,即可直接加入讨论。

作 者

2020 年 3 月

# 目 录
## Contents

**第1章　通证化激励的缘起** ················· 1

1.1　认识区块链技术 ················· 2
　　1.1.1　区块链及其意义概述 ················· 2
　　1.1.2　例说区块链技术 ················· 6
　　1.1.3　区块链基本知识 ················· 14
　　1.1.4　区块链技术的核心特点 ················· 31
　　1.1.5　区块链的应用价值 ················· 33

1.2　从区块链到通证经济 ················· 45
　　1.2.1　"通证"一词的由来 ················· 45
　　1.2.2　通证与通证经济 ················· 46
　　1.2.3　区块链与通证经济的意义 ················· 54

1.3　通证经济带来的人类协作组织新范式 ················· 57
　　1.3.1　分布式记账网络为何得以运转 ················· 58
　　1.3.2　区块链的启示：人类协作新范式 ················· 61
　　1.3.3　现有企业组织的通证化之路 ················· 68

XV

## 第2章　通证化激励的理论基础探析 ... 73

- 2.1 什么是激励 ... 74
  - 2.1.1 激励的定义 ... 74
  - 2.1.2 什么能给人带来激励感 ... 77
  - 2.1.3 激励的类型 ... 80
  - 2.1.4 激励的作用 ... 82
- 2.2 激励理论探析 ... 83
  - 2.2.1 内容激励理论 ... 84
  - 2.2.2 过程激励理论 ... 96
  - 2.2.3 行为后果激励理论 ... 103
- 2.3 激励理论的启示 ... 106
  - 2.3.1 引导需要而不是一味满足需要 ... 106
  - 2.3.2 要做好保健与激励的平衡 ... 107
  - 2.3.3 公平不是绝对的但要确保公平感 ... 107
  - 2.3.4 寄予厚望也是激励 ... 108
  - 2.3.5 小颗粒、及时反馈非常重要 ... 108

## 第3章　通证化激励及其设计应用 ... 109

- 3.1 什么是通证化激励 ... 110
  - 3.1.1 通证化激励的定义 ... 110
  - 3.1.2 通证化激励的基本介绍 ... 112
- 3.2 通证化激励体系的设计与应用 ... 116
  - 3.2.1 功分的设计与应用 ... 117

    3.2.2 喜证的设计与应用 ················································· 136

    3.2.3 天证的设计与应用 ················································· 144

    3.2.4 通证化激励的应用原则 ·········································· 148

3.3 通证化激励的特性分析 ···················································· 151

    3.3.1 整合贯彻各派激励理论的原理 ································ 151

    3.3.2 打造以价值为中心的激励体系 ································ 158

    3.3.3 创造边界爆破的催化剂 ·········································· 160

# 第4章 通证化激励与企业组织管理 ················ 163

4.1 传统目标管理方法综述 ···················································· 164

    4.1.1 目标管理 ······························································· 164

    4.1.2 KPI ········································································ 167

    4.1.3 平衡计分卡 ···························································· 170

    4.1.4 OKR ······································································· 175

    4.1.5 PBC ······································································· 181

    4.1.6 阿米巴经营 ···························································· 184

4.2 通证化激励是对传统目标管理方法的继承

    与兼容 ············································································· 188

    4.2.1 继承并优化目标量化管理的思想 ···························· 189

    4.2.2 继承并优化目标协同管理的思想 ···························· 191

    4.2.3 继承并优化激活个体的目标管理思想 ···················· 192

4.3 通证化激励解决组织管理的四大难题 ······························· 194

    4.3.1 解决"工作效率低"的问题 ···································· 195

XVII

  4.3.2 解决"制度推进执行难"的问题 199
  4.3.3 解决"员工利益分配难"的问题 205
  4.3.4 解决"组织文化落实难"的问题 210
 4.4 通证化激励助推企业组织变革 216
  4.4.1 组织变革的重要意义 217
  4.4.2 通证化激励助推企业组织向新范式演进 218

## 第5章 通证化激励体系落地操作方法与工具 225

 5.1 落地操作框架：一体两翼六环节 226
 5.2 落地实操工具和方法 228
  5.2.1 搭队伍 228
  5.2.2 理现状 230
  5.2.3 定方案 232
  5.2.4 进系统 240
  5.2.5 试运转 241
  5.2.6 做优化 241
 5.3 落地案例演练 242
  5.3.1 案例材料 242
  5.3.2 案例解析 245

## 附录1 通证化激励SAAS系统平台设计草案 253

## 附录2 通证化激励应用公开课节选 272

# 第1章
# 通证化激励的缘起

在明确了通证化激励的基本理念、方法、工具以及其对于组织人员激励、管理和推动组织变革方面所发挥的作用之后，紧接而来的问题是，如果要在现有的企业组织中引入通证化激励体系，实行通证化激励的制度，该按什么流程、步骤去落地实施？实施过程中的一系列方法和工具该如何应用？应用过程中要注意遵循什么原则和注意事项？本章主要就通证化激励体系在企业组织中落地操作的方法与工具进行讲解。

## 1.1 认识区块链技术

区块链是对英文 blockchain 的翻译,它的出现最早可追溯到 2008 年。这一年,一个自称中本聪(Satoshi Nakamoto)的人在 P2P foundation 网站上发布了比特币白皮书 *Bitcoin: A Peer-to-Peer Electronic Cash System*(《比特币:一种点对点的电子现金系统》),陈述了他对电子货币的新设想。该英文白皮书中,首次提出了 chain of blocks 的概念,后来由它逐渐演化产生了 blockchain 这个概念,译为中文即是"区块链"。

### 1.1.1 区块链及其意义概述

根据工业和信息化部发布《中国区块链技术和应用发展白皮书(2016)》的定义,区块链是分布式数据存储、点对点传输、共识机制、加密算法等计算机技术的新型应用模式。它最早是有关比特币的一个重要概念。它本质上是一个去中心化的数据库,同时作为比特币的底层技术,是一串使用密码学方法相关联产生的数据块,每一个数据块中包含了一组比特币网络交易的信息,用于验证其信息的有效性(防伪)和生成下一个区块。因此,在技术层面,区块链被广泛认为是一种分布式账本技术(Distributed Ledger Technology,DLT)。它是一种分布式共享数据库(数据分布式储存和记录),是利用去中心化和去信任方式集体维护一本数据簿的可靠性的技术方案。该方案让参与系统的任意多个节点,

# 第1章 通证化激励的缘起

通过一串使用密码学方法相关联产生的数据块（每个数据块中都包含了从诞生以来的系统信息交流的数据）和哈希算法生成"数据指纹"，用于验证其信息的有效性和链接下一个区块，如图1-1所示。

| 交易启动 | 在网上发布/记录交易信息 | 传播 | 通过一致性验证 | 不可变的加密区块 | 交易完成 |
|---|---|---|---|---|---|
| ▷多方交易<br>▷所有交易都被记录，包括交易的日期、时间、当事人和要做交易的金额 | ▷本次交易按次序被加入网络中的"区块"后提交<br>▷可以新增条目，但不可能删除<br>▷网络中的每个节点拥有账本的完整副本 | ▷"区块"被广播到每一方和它们在网络中的节点<br>▷计算机节点通过运行一个连续复制账本的软件来验证 | ▷网络核实、验证和批准，确认被广播到其他节点<br>▷共识被记录，并作为信任机制的基础<br>应用的共识机制 | ▷已确认的区块通过时间顺序加入链<br>▷提供了一个透明和可追溯的数字指纹 | ▷节点可以访问一个共享的单一来源<br>▷区块链中一个完成的区块将让位于另一区块 |

**图1-1 区块链记账原理**

区块链技术使得在区块链网络中的参与者可以在一个分布式，甚至去中心化的市场中不需要特定信任背书的情况下完成交易。

传统的市场或者是分散而低效的，或者是高效但高度中心化的，二者必居其一。传统技术条件下，分散的市场效率低下，交易成本过高。因此，自人类开始进行大规模市场交易以来，就倾向于建设中心化的市场。中国北宋的都城汴梁，今天的上海、香港，英国的伦敦，美国的纽约、洛杉矶，日本的东京以及新加坡等世界级都会，都是在中心化市场基础之上发展建设而成的。

市场中心化的缺陷在于中介成本。中心市场的发展和繁荣会导致市场控制者权力的迅速扩大。从根本上来说，其本身的角色

3

## 区块链之通证化激励与管理

只是市场交易的中介，应以降低交易成本、促进市场繁荣为己任。但出于私利的考虑，权力强大的中介往往违背市场大多数参与者的整体利益，通过各种手段，设置高昂的准入成本，或收取高昂的中介费用，或人为降低中介效率，大幅度提升交易成本。从某种意义上来说，在这种情况下，可以认为中心化市场的中介发生了异化或者腐化。然而，数千年以来人类都没有找到防范这种异化或腐化的有效手段。

分布式账本技术使人们可以构建高效率的分布式市场，从而解除中心化市场中，中介异化导致的交易成本过高的问题。

分布式账本是一种在网络成员之间共享、复制和同步的数据库。分布式账本记录网络参与者之间的交易，如资产或数据的交换。网络中的参与者根据共识原则来制约和协商对账本中的记录的更新，没有中间的第三方仲裁机构（如金融机构或票据交换所）的参与。分布式账本中的每条记录，都有一个时间戳和唯一的密码签名，这使得账本成为网络中所有交易的可审计历史记录。

区块链是分布式账本的一种优良的技术实现。区块链是一种防篡改的、共享的数字化账本，用于记录公有或私有对等网络中的交易。账本分发给网络中的所有成员节点，在通过哈希密码算法链接的区块的顺序链中，永久记录网络中的对等节点之间发生的资产交易的历史记录。所有经过确认和证明的交易都从链的开头一直链接到最新的区块，因此得名区块链。区块链可以充当单一事实来源，而且区块链网络中的成员只能查看与他们相

## 第1章 通证化激励的缘起

关的交易。

在传统业务网络中,所有参与者都维护着自己的账本,这些账本之间的重复和差异会导致争议及更长的结算时间。而且,因为需要中介,还会导致相关的间接管理成本。但是,通过使用基于区块链的共享账本,交易在通过共识性验证并写入账本后,就不能再更改。这样企业就能节省时间和成本,同时减少风险。

区块链共识机制提供了经过整合的、一致的数据集的优势,减少了错误,拥有近实时的引用数据,而且参与者能够灵活地更改其拥有的资产的描述。因为,没有参与成员拥有共享账本中所含信息的来源,所以,区块链技术会提高参与成员之间的交易信息流中的可信度和完整性。

区块链技术的不变性机制降低了审计和合规性成本,增加了透明性。而且,在使用区块链技术的业务网络上,合约得以智能、自动化执行并最终确认,参与者会获得更高的执行速度、更低的成本和更少的风险。

由此可见,区块链的技术优势在于,可以构建一个更加可靠的互联网系统,从根本上具备解决价值交换与转移中存在的欺诈和寻租问题的潜力。以前是靠信誉口碑、靠百年老店、权威机构等解决上述问题,区块链利用技术建立了新的信任方式,这是可以被量化的,从技术的角度实现的,所以区块链成了下一个信任的基石。人们越来越多地相信,随着区块链技术的进一步发展和普及,基于区块链的新一代数字经济将会更加真实可信,经济社会由此变得更加公正和透明。与此同时,区块链技术还具备一种"降低成本"的强大能力,能简化流程,降低一些不必要的交易成本及制度性成本。区块链最核心的革命特性是改变千百年来落后的信用机制。因此,区块链技术被认为是继蒸汽机、电力、互联网之后,下一代颠覆性的核心技术。如果说蒸汽机释放了人们的生产力,电力解决了人们基本的生活需求,互联网彻底改变了信息传递的方式,那么区块链作为构造信任的机器,将可能彻底改变整个人类社会价值传递的方式。

## 1.1.2 例说区块链技术

上文对区块链技术的介绍,初学者或许会觉得一头雾水,还是不太理解区块链到底是什么,以及区块链为何会如此被寄予厚望。下面我们通过一个例子,帮助大家理解区块链的基本原理和意义。

【举例】

假设有这样一个场面,在一个班级里,如果有一位A同学借给B同学1000块钱,这个时候,A同学在班级中大喊:"我是A同学,我借给B同学1000块钱!"B也在人群中大喊:"我是B,A同学借给了我1000块钱!"此时班级里路过的同学甲乙丙丁都听到了这些消息,因此所有人都在心中默默记下"A同学借给了B同学1000块钱"。在这个借钱的过程中不需要银行,也不需要借贷协议和收据,甚至不需要人与人之间长久的信任关系。如

第 1 章　通证化激励的缘起

果有一天 B 同学突然改口说："我不欠 A 同学的钱！"这个时候班级里其他同学就会站出来说："不对，我们都听到了你在某年某月某日某时向 A 同学借了 1000 块钱的消息，而且我们在自己的笔记本上记录了这条信息！"这样的话，B 想赖账是比较困难的，B 必须说服所有其他旁听的同学来为他作证、支持他的抵赖行为，如图 1-2 所示。

**图 1-2　去中心化举例**

上面这个例子描述的角色和行为过程，我们就可以把它看作是一个去中心化的系统，整个系统中没有了权威的中心化机构或人物来做信任中介，信息的可信度和准确性却能够得到保障，A 同学借给 B 同学 1000 块钱这笔交易被顺利完成。

实际上，在上述例子描述的模型中，交易的是不是"1000 块钱"其实已经不重要了。换而言之，我们可以把 1000 块钱换成其他东西,也就是说,任何东西都可以在这个模型中交易,甚至我们可以按某种共识杜撰一个东西,只要大家承认,就可以让我们杜撰的东西流通。例如,老王在人群中高喊一声:"我创造了1000个帝王钻!"老王甚至不需要知道帝王钻是什么,也不需要关心世界上是不是真有帝王钻,只要所在网络中的人都听到这个信息并且一致承认这个信息,然后在自己的笔记本上记下:"老王有1000个帝王钻",于是老王就真的有1000个帝王钻了。从此以后,老王便可以声称他给了某人1个帝王钻,只要网络中的甲乙丙丁都收到并且承认了这一信息,那老王就算完成了这次交易。这就是区块链的基本工作原理,如图1-3所示。当然,区块链作为比特币的底层技术,真正的区块链和比特币网络在技术实现上要比上述的模型复杂得多,细节也丰富得多。本书后面会对比特币、以太坊等区块链网络做详细介绍,这里就暂不赘述。

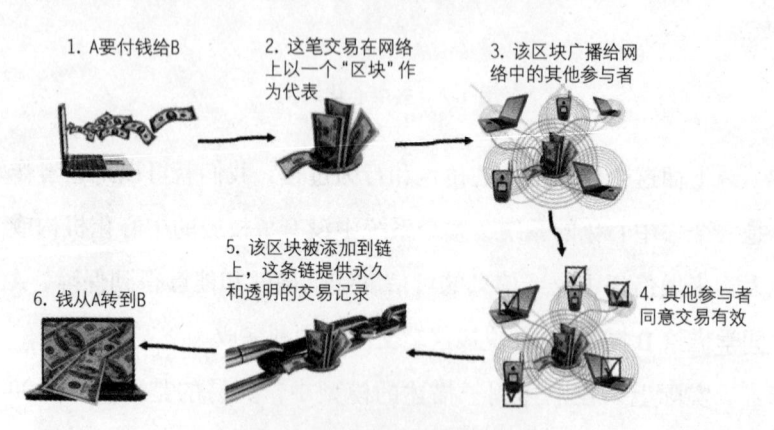

图1-3 区块链是如何工作的

## 第 1 章 通证化激励的缘起

在上面描述的场景中，其实存在着这样一个问题：假设过了很长一段时间，我们创造的帝王钻已经在这个系统中流通了起来，大家都开始认可帝王钻。因为老王一共创造了 1000 个帝王钻，所以这个系统中一共就只有 1000 个帝王钻。但是有人动了坏心思，他在人群中高呼："我有 2000 个帝王钻！"怎么办？大家是直接在笔记本上记下他有 2000 个帝王钻吗，这样岂不是人人都可以捏造很多帝王钻了？那我们怎么判别谁手里的帝王钻才是老王真正创造的那个帝王钻呢？

为了防止这种伪造篡改的现象发生，就需要在老王创造帝王钻的时候给他所创造的帝王钻上打上标记（更准确地说，就是给老王喊的那句"我创造了 1000 个帝王钻！"打上标记，如标记为 D001），这样老王以后在给别人转出帝王钻的时候（即每做一次交易的时候），老王在高喊："我给了某某 10 个帝王钻！"的时候，会附加上额外的一句话："这 10 个帝王钻的来源是记为 D001 的那条记录，我的这句话标记为 D002！"其他人听到老王的喊话后，也会在自己的笔记本上记上"老王给了某某 10 个帝王钻！这 10 个帝王钻的来源是记为 D001 的那条记录，我的这句话的来源是标记为 D002 的那条记录，我的这句话的记录为 D003。"以此类推，如果抽象一下，上述模型中的某个人听到和记录老王喊话的内容的格式就变成了："这句话编号 xxx，上一句话的编号是 yyy，老王给了某某 10 个帝王钻！"这样就解决了伪造的问题。这样一来，上述模型和中本聪第一版的比特币区块链就大致一样了。这个过程就是一个简单的区块链协议了,如图1-4所示。

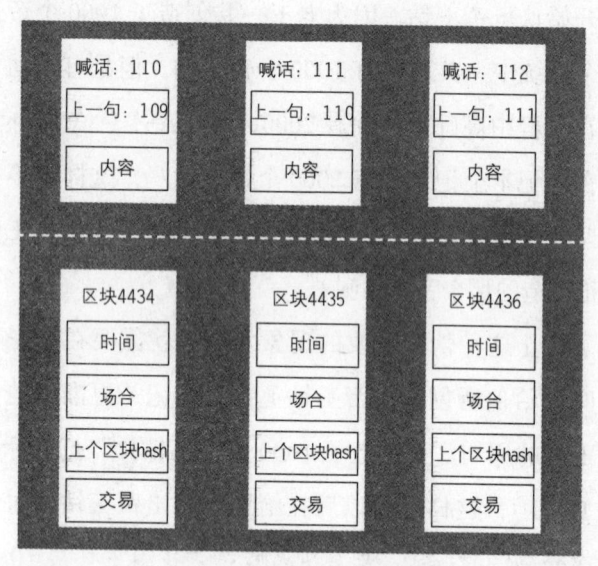

```
喊话:110         喊话:111         喊话:112
上一句:109       上一句:110       上一句:111
内容            内容            内容

区块4434         区块4435         区块4436
时间            时间            时间
场合            场合            场合
上个区块hash     上个区块hash     上个区块hash
交易            交易            交易
```

图1-4 区块链基本运行机制示意图

讲到这里,或许我们基本已经能够生动形象又不涉及任何技术性细节地解释区块链是怎么回事了。但是这时候或许有人会存在下述疑问。

上述场景描述的过程中,老王和接受老王帝王钻的某某以外的人,凭什么老王喊一句,他们就无怨无悔地在自己的笔记本上,认认真真地记上一笔账为老王和借款人做见证呢?他的笔记本不需要花钱吗?他怎么有那么多时间和精力管这"闲事"呢?也就是说,这里面有一个动力的问题,人们往往是无利不起早的,必

第 1 章　通证化激励的缘起

须有激励才能保证上述案例中描述的过程得以持续。于是，为了激励大家帮老王传话和记账，老王决定给第一个听到他喊话并且记录在笔记本上的人一些奖励：第一个听到老王喊话并记录下来的人可以凭空得到 1 个帝王钻，这个帝王钻是整个系统对辛苦记账的人的报酬，而某个人记录了这句话之后，要马上告诉其他人自己已经记录好了，让别人放弃继续记录这句话，并将自己的记录编号公布出来让别人有据可查，然后这个人再把老王的话加上他的记录编号一起喊出来，供下一个人记账。当这个规则定下以后，这个系统中一定会出现一批人，他们开始竖着耳朵监听周围发出的声音，以抢占第一个记账的权利。因为只要第一个记账，就可以得到一定数量的奖励。

　　有人可能会说，为什么奖励帝王钻别人就愿意积极记账呢？其实，这里的帝王钻可以理解为是某种价值的代表凭证，得到了帝王钻就相当于获得了某种价值。在价值激励下，当然会有人愿意为价值付出了。例如，比特币目前是能够在美国等西方国家的虚拟货币交易所进行交易的，1 枚比特币值人民币将近 30000 元（截至 2019 年 4 月），最高峰时，1 枚比特币值人民币曾超过 1000000 元，如图 1-5 所示。

　　在上述场景案例描述的系统中，如果小明和小花几乎同时喊出一句："老王又转帝王钻了！"由于周边听众所处的位置不同，一定会有人先听到小明说的那句话，而另外一些人则先听到小花说的那句话。如果我们规定只能有一个人说出这句话，那到底这

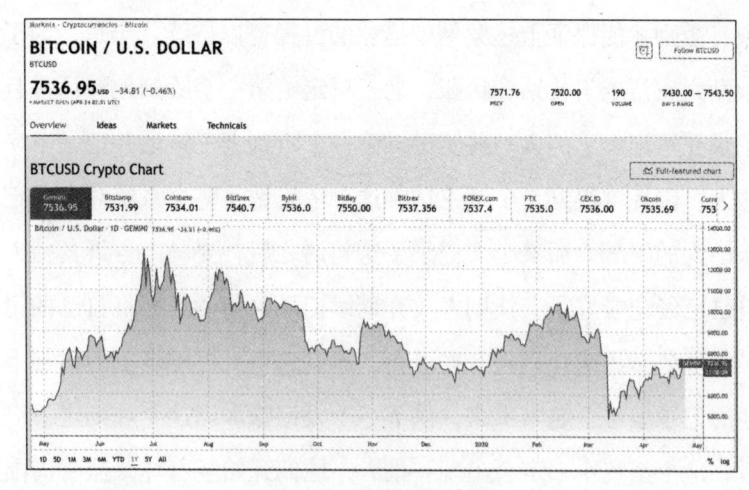

图 1-5 比特币的价值

句话是谁说的？ 如果不加任何条件，那么上述的情况一定会这样发展：一部分人认为这句话是小明说的，在听到这句话之后开始记账，之后他们做的所有事情都基于这个事实，并且随着这个信息一次次地传下去，这条信息链会越来越深；而另外一群人认为小花是先说这句话的人，也会按照这样的趋势发展。这样，原本是一条唯一的信息链，在我们喊出"老王又转帝王钻了！"这句话之后，就变成两条信息链了。这在区块链中叫作分叉，如图 1-6 所示。当然，分叉还有硬分叉和软分叉，属于技术上的细节，这里就不展开讲了，有兴趣的读者可以自行查阅相关资料学习。本书主要介绍区块链的基本运行机制和原理，以便为我们后续探讨区块链在各领域的应用，尤其是在组织内协作与管理上的应用，奠定一个基础。

第1章 通证化激励的缘起

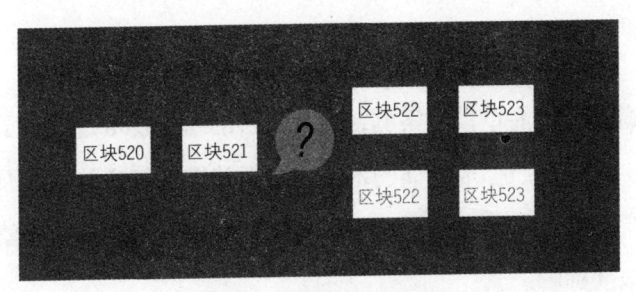

图1-6 区块链分叉示意

综上所述，我们可以体会到，区块链的本质是一种特殊的分布式数据库技术。首先，区块链的主要作用是储存信息。任何需要保存的信息，都可以写入区块链，也可以从里面读取，所以它是数据库。其次，任何人都可以架设服务器，加入区块链网络，成为一个节点（区块链网络中的一个记账单元，在上面的例子中就是人工+笔记本，而在真实的区块链网络中记账是由加入网络的计算机完成的，即算力）。区块链的世界里面，没有中心节点（所以称它为去中心化网络），每个节点都是平等的，都保存着整个数据库。所以，每个人都可以向任何一个节点，写入或读取数据，因为所有节点最后都会同步，保证区块链整体的一致性。区块链没有管理员，它是彻底无中心的。其他的数据库都有管理员，但是区块链没有。如果有人想对区块链添加审核，也实现不了，因为它的设计目标就是防止出现居于中心地位的管理机构。没有了管理员，人人都可以往里面写入数据，却能保证数据是可信，这就是区块链奇妙且独特的地方。

13

### 1.1.3 区块链基本知识

通过一个简单模型案例，对区块链的基本技术过程有了了解之后，我们按照标准严谨的术语，对区块链的核心技术以及一些基本常识性的知识、概念做小结，以加深对区块链及其带给我们的启示的理解。

1. 比特币简介

比特币是区块链的第一个应用，也正是它发明和引出了区块链的技术及思想体系。所以，我们有必要追根溯源，简要地从源头上再梳理一下区块链的诞生过程。

正如前文所述，比特币（Bitcoin）的概念最初由中本聪在 2008 年 11 月 1 日提出，并于 2009 年 1 月 3 日正式诞生，如图 1-7 所示。

图 1-7 比特币标志

中本聪的比特币白皮书最早发布于"密码朋克"。狭义地说，"密码朋克"是一套加密的电子邮件系统。1992 年，英特尔的高级科学家 Tim May 发起了密码朋克邮件列表组织。1993 年，埃里克·休斯写了一本书，叫《密码朋克宣言》，这也是"密码朋克"（cypherpunk）一词首次出现。"密码朋克"用户约 1400 人，讨论的话题包括数学、加密技术、计算机技术、政治和哲学，也包括私人问题。早期的成员有非常多的 IT 精英，如"维基解密"的创始人阿桑奇，BT

## 第 1 章　通证化激励的缘起

下载的作者布拉姆·科恩，万维网发明者 Tim-Berners Lee 爵士，提出了智能合约概念的尼克萨博，Facebook 的创始人之一肖恩·帕克。当然，还包括比特币的发明人中本聪。据统计，比特币诞生之前，密码朋克的成员讨论、发明过失败的数字货币和支付系统多达数十个。

根据中本聪的思路设计发布了开源软件以及建构其上的 P2P 网络。比特币是一种 P2P 形式的虚拟的加密数字货币。点对点的传输意味着一个去中心化的支付系统。比特币自 2008 年金融危机开始萌芽，当时各国为应对危机纷纷出台宽松货币政策，主权货币信用跌至冰点，信用货币的缺点暴露无遗。换言之，一些技术至上主义者认为，基于国家信用的货币体系，显得不那么可靠了，比特币就此诞生。它的根本出发点是着眼于数学而非信用，把整个交易体系的可靠性寄托在密码学上，基于数学之上的是交易规则的创新。

接下来我们可以稍微回顾一下比特币诞生之后的发展脉络，尤其是在中国内地的发展脉络。

·2009 年 1 月 3 日，区块链的第一个区块诞生，该区块又名"创世区块"，第一批总计 50 个比特币由中本聪本人挖到。

·2009 年 1 月 12 日，中本聪发送了 10 个比特币给密码学专家哈尔芬尼。

·2010 年 7 月，比特币交易所 Mt.Gox 成立，比特币的价值被世界认可。

- 2010年美国一位程序员完成第一笔交易，用1万个比特币买了一个比萨［以现在汇率，这1万个比特币现在约值2.5亿人民币（2019年4月），所以该比萨号称史上最贵比萨］。

- 2013年12月，中国人民银行、工业和信息化部、原中国银行业监督管理委员会、中国证券监督管理委员会及原中国保险监督管理委员会（现为中国银行保险监督管理委员会）就已经联合发布了《关于防范比特币风险的通知》（《通知》）。《通知》明确阐明了比特币的性质，称比特币并非由国家货币发行机构发行，也不具有法偿性与强制性等货币属性，因此比特币并不是真正意义的货币。尽管《通知》否定了比特币的货币属性，即比特币不具有货币的法律地位，也不能作为货币在市场上使用或流通，但《通知》肯定了比特币可以作为"虚拟商品"。中国人民银行原行长周小川曾在2014年的博鳌论坛上表示，比特币与集邮者收集的邮票一样，拥有收藏价值，人们把它作为资产进行交易，并不是支付性的货币。但为了防范比特币可能带来的金融风险，《通知》禁止所有的金融机构和支付机构为任何与比特币相关的交易提供服务。

- 2017年9月4日，中国人民银行等七部委发公告称中国禁止虚拟货币交易。

- 2017年12月17日，比特币的价格达到历史最高价19850美元。

- 截至2019年4月，比特币的价格在3000～4000美元徘徊。

## 第1章 通证化激励的缘起

在刚诞生那几年，比特币很便宜，并且非常容易获得。2010年年底，为了让更多人知道并尝试使用比特币，程序员加文·安德烈森花50美元买入10000个比特币，并创建了名为"比特币水龙头"的网站，向所有访问网站的人无偿赠送5个比特币，当时大约价值5美分，此举对人们接受比特币有显著的效果。后来，有人模仿加文，建立类似比特币水龙头的网站，一方面给访问网站的用户派送小额比特币；另一方面，由于这些网站往往可以获得大量的浏览量，因此比特币水龙头网站可以通过给主要比特币网站导流赚取广告费。比特币水龙头网站甚至形成一种新型商业模式，早期有约50%的比特币网站靠其导流。

和法定货币相比，比特币没有一个集中的发行方，而是由网络节点的计算生成，谁都有可能参与制造比特币，而且比特币可以全世界流通，可以在任意一台接入互联网的电脑上买卖，不管身处何方，任何人都可以挖掘、购买、出售或收取比特币，并且在交易过程中外人无法辨认用户身份信息。2009年1月3日，不受央行和任何金融机构控制的比特币诞生。比特币是一种数字货币，由计算机生成的一串串复杂代码组成，新比特币通过预设的程序制造，随着比特币总量的增加，新币制造的速度减慢，直到2140年达到2100万个的总量上限。

下面我们对比特币发行与流通的机制、原理及技术做介绍。

（1）挖矿

与大多数现实意义的货币不同，比特币没有特定的发行机构，它基于一套密码编码、通过复杂算法产生，这一规则不受任何个人或组织干扰。依靠一套去中心化的发行机制，逐步将比特币发行出去。比特币网络通过"挖矿"来生成新的比特币。

所谓"挖矿"，实质上是用计算机解决一项复杂的数学问题，来保证比特币网络分布式记账系统的一致性。比特币网络会自动调整数学问题的难度，系统自动生成比特币作为奖励，激励"矿工"（即记账的节点）参与记账，每十分钟全体"矿工"一起计算一道问题，很多人同时使用一个特定程序，最先算出这个问题的答案的"矿工"就获得记一页账的权利。记账完成后，他将自动获得一定量的比特币。这就是新增比特币的发行过程。这个过程就像矿产工人在矿山上挖矿的过程，比特币就是矿产，计算机节点就是矿工，所以把这个过程形象地称为"挖矿"，把参与算方程解题的人称为"矿工"。需要强调的是，根据比特币的规则，随着参与"挖矿"的人越来越多，解开"密码箱"的难度也越来越大，也就是说挖出比特币的难度越大、比特币的数量越少。

（2）算力和 PoW（Proof of Work，工作量证明）

上述的"矿工"们计算的问题，实际上是一个哈希函数（对哈希函数的知识有兴趣的读者，可以通过其他资料阅读学习），这个函数对某一个随机数 n 进行哈希运算，得出一个哈希目标值。在此过程中，哈希函数方程是确定的，哈希计算值是确定的，矿工们需要做的就是找到那个随机数 n，先找到的"矿工"就获取了记账权和比特币奖励。那么如何寻找这个随机数 n 呢？其实没有什么捷径，就是像开采金矿的工人一样，要靠体力慢慢一点一滴地寻找。在比特币网络中，就是靠计算机蛮力一个数一个数地试，直到试到某一个数符合要求为止。不断拿随机数去试、去套函数公式的过程，也叫哈希碰撞，就是试图找到一个符合条件的随机数 n。

在进行哈希碰撞的过程中，每一个"挖矿"节点的计算机的运算能力（即速率）是不同的，一个"挖矿"计算机每秒钟能做多少次哈希碰撞，其能力就被称为"算力"，用数值表示，单位是 hash/s。

在比特币网络中，把"算力最快的获得记账权和比特币奖励"的规则，称为共识。把验证共识的机制称作工作量证明机制，即 PoW（Proof of Work）。在该机制中，算力是通过计算哈希函数的输入值验证的，这个函数就称为工作量证明函数。

通过上述这个过程，就完成了比特币的发行过程。在该过程中，没有专门的中央机构负责发行比特币，而是通过记账"挖矿"以及对"矿工"的奖励，既完成了账本网络的持续运行，又完成了比特币的发行。比特币完美地通过激励驱动了全网节点的"矿工"力争上游，持续通过分布式的协作为比特币账本网络的持续运行贡献力量。

（3）钱包

比特币作为一种虚拟电子货币，是可以进行支付和流转的。这就要涉及比特币钱包的概念。顾名思义，比特币钱包就是用来存放比特币的,这个钱包可以收款、转账、查看余额、查看交易记录等。钱包实际上就是一个软件,比特币官网提供了各种各样的钱包,有电脑版的,有手机版的,有类似网银USB KEY专门硬件的,还有网页版的。

在你的电脑或智能手机上的钱包应用程序中,输入收款人的比特币地址和付款金额,按发送键即可完成付款。为了更方便地输入收款人地址,很多钱包可以通过二维码扫描或者NFC技术触碰两部手机获得地址,如图1-8所示。

图1-8 比特币钱包

比特币钱包的账户被称为钱包地址,地址是一串由26位到34位字母和数字字符串组成的,看上去像一堆乱码。在进行比特币转账时,只要输入对方钱包地址和转账数量就可以完成。在此

## 第 1 章 通证化激励的缘起

过程中，无须确认转账双方的身份信息，双方只是通过相应的加密算法进行相互确认，这就是比特币及其运行网络能够保证匿名性的原因。

2. 以太坊简介

以太坊（Ethereum）的概念首次在 2013 至 2014 年间由程序员 Vitalik Buterin 受比特币启发提出，大意为"下一代加密货币与去中心化应用平台"，在 2014 年通过 ICO（Initial Coin Offering，首次代币发行，在我国已被定义为非法融资）众筹开始得以发展。

以太坊是一个开源的有智能合约功能的公共区块链平台，通过其专用加密货币以太币（Ether）提供去中心化的以太虚拟机（Ethereum Virtual Machine）来处理点对点合约。实际上，以太坊是建立在区块链和数字资产的概念之上的一个全新开放的区块链平台。它允许任何人在平台中建立和通过使用区块链技术运行去中心化的应用。

（1）以太坊产生的背景

比特币开创了去中心化密码货币的先河，五年多的时间充分检验了区块链技术的可行性和安全性。比特币的区块链事实上是一套分布式的数据库，如果再在其中加进一个符号——比特币，并规定一套协议使得这个符号可以在数据库上安全地转移，并且无须信任第三方，这些特征的组合完美地构造了一个货币传输体系——比特币网络。

21

然而比特币并不完美，其中协议的扩展性不足是一项。例如，比特币网络里只有一种符号——比特币，用户无法自定义另外的符号，这些符号可以是代表公司的股票，或者是债务凭证等，这就损失了一些功能。另外，比特币协议里使用了一套基于堆栈的脚本语言，这种语言虽然具有一定灵活性，使得像多重签名这样的功能得以实现，然而不足以构建更高级的应用，如去中心化交易所等。以太坊从设计上就是为了解决比特币扩展性不足的问题。

（2）以太坊发展的历史脉络

2013年年末，以太坊创始人Vitalik Buterin发布了以太坊初版白皮书，启动了项目。2014年7月24日起，以太坊进行了为期42天的以太币预售。2015年5月，以太坊团队发布最后一个测试网络（POC 9，此前已经有0~8个测试版本），代号为Olympic。经过两个月的测试，团队于2015年7月发布正式的以太坊网络，标志着以太坊区块链正式上线运行。当月底，以太币开始在多家虚拟货币交易所交易。2016年初，以太坊的技术得到市场认可，随之以太币的价格开始暴涨，吸引了大量开发者以外的人进入以太坊的世界。

作为一种比较新的利用比特币引发的区块链技术的开发项目，以太坊致力于实施全球去中心化且无所有权的数字技术计算机来执行点对点合约。简单来说，以太坊是一个永远无法关闭的全球计算机。加密架构与图灵完整性的创新型结合可以促进大量

## 第 1 章　通证化激励的缘起

的新产业的出现。

比特币网络事实上是一套分布式的数据库，而以太坊则更进一步，它可以看作是一台分布式的计算机：区块链是计算机的 ROM（Read-Only Memory，只读存储器），合约是程序，而以太坊的"矿工"们则负责计算，担任 CPU（Central Processing Unit，中央处理器）的角色。

（3）Gas

每个参与到以太坊网络的节点都会运行以太坊虚拟机（EVM，Ethereum Virtual Machine）作为区块验证协议的一部分。每个网络中的全节点都会进行相同的计算并储存相同的值。合约执行会在所有节点中被多次重复，而且任何人都可以发布执行合约，这使得合约执行的消耗非常昂贵，所以为防止以太坊网络发生蓄意攻击或滥用的现象，以太坊协议规定交易或合约调用的每个运算步骤都需要支付费用。这笔费用以 Gas 作为单位计数，也就是俗称的燃料，燃料是以以太币计价的。简单地讲，就是使用以太坊需要烧燃料，支付以太币。

具体按什么标准支付燃料费呢？每笔以太坊交易都包含 Gas limit 和 Gas price。"矿工"可以有选择地打包这些交易并收取这些费用。Gas price 会影响该笔交易被打包所需等待的时间。如果该交易的操作所使用的 Gas 数量小于或等于所设置的 Gas limit，交易会被处理。但如果 Gas 总消耗超过 Gas limit，所有的操作都会被重置，但手续费依旧会被收取。区块链会显示这笔交易完成尝试，但因为没有提供足够的 Gas 导致所有的合约命令都被复原。交易完成之后没有被使用的 Gas 会以以太币的形式返还给发起者。Gas 消耗只是一个预估值，所以许多用户会超额支付 Gas 来保证他们的交易会被接受。

（4）智能合约

智能合约（Smart Contract）是 20 世纪 90 年代由尼克萨博提出的理念，几乎与互联网同龄。它是一种旨在以信息化方式传播、验证或执行合同的计算机协议。智能合约允许在没有第三方的情况下进行可信交易，这些交易可追踪且不可逆转。智能合约的目的是提供优于传统合约的安全方法，并减少与合约相关的其他交易成本。由于缺少可信的执行环境，智能合约并没有被应用到实际产业中，自比特币诞生后，人们认识到比特币的底层技术区块链天生可以为智能合约提供可信的执行环境。以太坊即是紧抓智能合约与区块链结合的契机推出的智能合约运行平台。

智能合约程序不只是一个可以自动执行的计算机程序，它自己就是一个系统参与者。它对接收到的信息进行回应，它可以接收和储存价值，也可以向外发送信息和价值。这个程序就像一个可以被信任的人，可以临时保管资产，总是按照事先确定的规则执行操作。

一个典型的智能合约模型是这样的：一段代码（智能合约），被部署在分享的、复制的账本上（如以太坊），它可以维持自己的状态，控制自己的资产和对接收到的外界信息或者资产进行回应。

以太坊网络与比特币网络最大的不同点是,它可以支持更加强大的脚本语言(用技术语言讲就是图灵完备的脚本语言),允许开发者在其上开发任意应用,实现任意智能合约,这也是以太坊的最强大之处。作为平台,以太坊类似于苹果公司的应用商店,任何开发者都可以在上面开发应用,并出售给用户。

综上所述,以太坊就是区块链加上智能合约。它所依赖的区块链底层原理和比特币是基本一致的,只是在技术实现和功能上有所不同。以太坊中存在 PoW 共识机制、矿工、挖矿等概念和机制。

3. EOS 简介

EOS 是 Enterprise Operation System(企业级操作系统)的简称,Block.One 公司开发的一款超高性能的类操作系统区块链,是为商用分布式应用设计的一款区块链操作系统。它引入了一种新的区块链架构,旨在实现分布式应用的性能扩展,以解决以太坊等公链性能不足、无法支持大规模交易处理的弊端。EOS 计划通过并行链和 DPOS 的方式解决延迟和数据吞吐量的难题,目标是每秒可以达到百万级别的处理量,届时 EOS 可以同时支持几千个分布式应用程序(DApp)在它的平台上运行,支持大规模的用户并行使用。与比特币和以太坊不同的是,EOS 放弃使用矿工费这个模式来支撑交易的确认和执行,而是采用所有权的模式,即按照拥有 EOS 代币的比例使用 EOS 网络的带宽、存储和运算资源。

与比特币和以太坊相比，EOS 的主要特点如下。

·EOS 有点类似于微软的 Windows 平台，通过创建一个对开发者友好的区块链底层平台，支持多个应用同时运行，为开发 DApp（Decentralized Application，分布式应用程序）提供底层的模板。

·EOS 通过并行链和 DPoS（Delegated Proof of Stake，委托权益证明，类似于公司董事会制度，在 DPoS 共识制度下，会选出一定数量的代表，来负责生产区块。这些代表是怎么被选出来的呢？是每一位持币人，根据手中持有的代币投票选出来的）的方式解决了延迟和数据吞吐量的难题，EOS 每秒可以达到上千级别的处理量，而比特币每秒 7 笔左右，以太坊是每秒 30～40 笔。

·EOS 是没有手续费的，普通受众群体更广泛。EOS 上开发 DApp，需要用到的网络和计算资源是按照开发者拥有的 EOS 代币的比例分配的。当你拥有了 EOS 代币，就相当于拥有了计算机资源。随着 DApp 的开发，你可以将手里的 EOS 代币租赁给别人使用，单从这一点来说 EOS 也具有广泛的价值。简单来说，就是你拥有了 EOS，就相当于拥有了一套房，可以租给别人收房租，或者说拥有了一块地，可以租给别人建房。

EOS 已于 2018 年 6 月中旬经社区投票选举出 21 个超级节点并正式上线启动主网，这些节点可以由所有 EOS 持币者投票选出，并拥有轮流"挖矿"的权利。未来这 21 个主节点必须承担治理、发展 EOS 生态的责任，而在承担责任的同时，相应地也将分享到经济收益。

同时，由于 EOS 的网络资源的使用依赖于 EOS 代币的持有比例，这样一来，对于普通 EOS 持有者来说，EOS 的网络资源对其是没有什么作用的，而对在 EOS 网络上开发应用程序的开发者来说则是非常有用的，他们需要用这些资源运行他们的应用程序。这就会形成一个互利共赢的协作逻辑：普通 EOS 持有者会将这些资源借给这些开发者，如果 DApp 开发成功了，引来更多的用户使用，那么 EOS 持有者手上的资源必然变得更值钱。因此，对初期的应用开发者来说，他们可以不需要花钱去部署服务器，因为普通 EOS 持有者会把资源借给他们用，让他们发展壮大，用的人多了，EOS 代币的价格必然会上升，然后 EOS 持有者自己也能得利。所以，对初期创业的开发者团队来说，他们只需要有好的创意，开发出好的应用程序，而不用在服务器、存储、带宽等基础设施上花费太多的精力。

同样，EOS 涉及的底层区块链技术的原理同比特币和以太坊是基本一致的，如矿工、挖矿、激励、记账、验证等过程和机制都是必不可少的，只是在实现细节上有差异。

4. 区块链核心技术

（1）区块和链

区块 + 链 = 历史 + 验证，每个区块的头部包含了前一区块交易信息的压缩值，因此从创世区块到当前区块形成了链条。每个

区块链之通证化激励与管理

区块主体上的交易记录是前一区块创建后,该区块创建前发生的所有价值交换活动。绝大多数情况下,新区块创建成功被加入链中,该区块的数据记录则不可被修改或者变更。通过这一整套机制,保证了在区块链上的交易信息不可伪造、不可虚构和不可篡改。理论上来说,拥有51%的算力,就有可能实现更改某区块的交易信息,然而在现实中,某一个节点的算力超过其他节点的总和,是非常困难的。

(2)数字加密

数字货币的所有权通过数学密钥、地址和数字签名来确定(在1.1.2节中所描述的例子里,帝王钻实际上就相当于一种数字货币)。其中,数字密钥由用户生成并存储在文件或数据库中,成为"钱包"。钱包中不包含数字货币,只包含密钥。一个用户的数字密钥是完全独立于数字协议的,由用户的钱包生成并自行管理,无须区块链或者网络连接。每笔交易需要一个有效签名才会被存储在区块中,只有持有密钥才能生成有效签名。密钥是成对出现的,由一个公钥和一个私钥组成,公钥相当于钱包的地址,可以公开;私钥相当于钱包的钥匙,掌握了私钥就掌握了钱包,所以必须妥善进行保管。

(3)分布式结构

区块链的分布式结构使得数据并不是记录和存储在中心化的电脑或主机上,而是让每一个参与数据交易的节点都记录并存储下所有的数据信息。为此,区块链系统采用了开源的、去中心化的协议来保存数据的完备记录和存储。

（4）证明机制

区块链的证明机制就是其证明算法，通过某一种证明算法证明区块的正确性和拥有权，以使各个节点达成共识。目前区块链主要的证明机制有以下三种。

·工作量证明（PoW）：通过大量的算力投入，计算出一个满足规则的哈希值，即可获得本次记账权，记账者发出本轮需要的数据，全网其他节点验证后一起存储。

·权益证明（PoS）：工作量证明的一种升级共识机制，根据每个节点所占通证的比例和时间，等比例地降低挖矿难度，从而加快寻找随机数的难度。

·股份授权证明机制（DPoS）：类似于董事会投票，持币者投票决定出一定数量的节点，代理他们进行验证和记账。

这些概念都是比较专业的术语，背后也是由复杂的技术支撑的，作为本书的读者，只需要对这些概念有一个初步的印象，认识到区块链在这些技术机制的支撑下是可以实现分布式、防篡改、去信任的，至于具体的技术实现原理和细节，如果有兴趣，可以利用其他专业书籍和资源进行专门学习和研究。

5. 区块链的发展阶段

从比特币网络开始，区块链在发展的过程中，经历了3个阶段，分别是技术起源阶段、1.0的加密数字现金阶段、2.0的智能合约阶段。目前，已经进入了以实体经济上链为主的3.0阶段，如图1-9所示。

| 技术起源 | 区块链1.0 | 区块链2.0 | 区块链3.0 |
|---|---|---|---|
| P2P网络<br>加密<br>数据库技术<br>电子现金 | 分布式账本<br>块链式数<br>梅克尔树<br>工作量证明 | 智能合约<br>虚拟机<br>DApp<br>权益证明 | 行业应用<br>资产上链<br>STO |

图1-9 区块链发展阶段

在不同的技术阶段，针对不同的开发目的，区块链又可以分为公有链、联盟链和私有链，分别满足了不同的场景和应用需求。

·公有链：任何人都可以加入网络，随时可以写入或者访问数据，任何人在任何地理位置都可以参与，数据需要得到大部分用户的共识才能完成记录，用户匿名参与记账，公信力高，数据写入慢，每秒大约3~20次数据写入。

·联盟链：也被称为行业公链，被授权的公司和组织才能加入网络，参与共识、写入数据和访问数据都必须通过授权控制，可以实名参与，可满足KYC/AML等监管需要，公信力较高，靠联盟中的主要节点做信用背书，数据写入快，每秒可以超过10000次数据写入。

·私有链：使用的范围控制在公司或个体内部，改善可审计性，提高内部信息流转和同步的效率，但不完全解决信任问题，基本归属为中心化的组织形式。数据写入速度极快，可达到每秒上万次写入。

## 1.1.4　区块链技术的核心特点

综上所述，作为一种 IT 技术，区块链是一种特殊的数据库。特殊在何处？区块链是一种多方共享的、可防范篡改的、多地多活的分布式时序数据库技术。它的出现是为了解决传统数据库"不可信"的问题，当前主流数据库的"不可信"主要体现在以下几个方面。

第一，目前主流数据库均支持数据记录的修改和删除，这就给涂改数据留下了天然的后门。

第二，若干项数据创建和修改的时间先后次序，本来是客观事实，然而目前主流数据库却将这些时间信息混同于普通数据，同样至于涂改威胁之下。

第三，目前主流数据库一般都是以中心化黑箱方式运营的，如果运营者出于私人目的篡改数据，外界无法察觉，即便察觉了也无法审计。另一方面，就算是运营者自身恪尽职守，洁白无瑕，如果这个中心数据库遭到黑客袭击或者战火摧毁，也将导致关键数据荡然无存。

第四，传统数据库中除了存储数据之外，还可以存储程序。主流数据库中都配备有存储过程（stored procedure），也就是存储在数据库中，并可以有数据库引擎予以执行的程序，然而存储过程又是一个个黑箱，没有第三方机制确保这些存储过程的安全、可信。也就是说，外界并不知道这些存储过程是否真的执行了它们所宣称的功能，有没有暗藏私货、暗度陈仓。

中心化数据库技术之不可信，实际上已经带来很多降低社会协作效率的后果。例如，银行间清算，企业间的积分互换，供应链回溯和稽查，跨境贸易涉及的支付、检验和缴税等一系列流程，都因为不同协作主体彼此不信任对方的数据库记录，而导致协作效率低下。

区块链就是能够解决上述问题的分布式可信数据库。针对上面四个问题，区块链一一给出解决方案。

第一，区块链中的数据只能创建和获取，不能修改和删除。区块链不仅仅是在操作层面不提供修改和删除的功能，而且通过密码学的方式确保数据无法篡改。

第二，区块链使用链式数据结构，数据以区块为单位，按照时间先后次序环环相扣，形成天然的时间序列。

第三，区块链的数据由多个中心、多个节点同时维护，少数节点的恶意篡改或者崩溃，对整体数据安全可信不构成威胁。

第四，区块链使用公开且代码验证的智能合约来执行操作，无暗箱捣鬼之忧。

这样一来，区块链确实能够比较完整地解决可信数据库的问题。

### 1.1.5 区块链的应用价值

根据前文对区块链诞生的过程及其本质的探讨，我们知道，区块链的诞生，标志着人类开始构建真正可以信任的互联网。能够在网络中建立点对点之间可靠的信任，使得价值传递过程去除了中介的干扰，既公开信息又保护隐私，既共同决策又保护个体权益，这种机制提高了价值交互的效率并降低了成本。可以认为，在区块链技术的帮助下，互联网真正进入了价值互联的新时代，这具有经济学和技术上的双重意义。

1. 区块链的金融应用价值

从经济学意义来看，区块链创造的这种新的价值交互范式基于"弱中心化"，这并非意味着传统社会里各种"中心"将会完全消失，未来区块链将出现大量的"多中心"体系，以联盟链、私有链或混合链为主，区块链将会进一步提高"中心"的运行效率，并降低其相当一部分交易成本。随着交易成本和交易摩擦的下降，资源配置效率得到充分提升，资产流动性能够得到极大的改善，达到对现有生产关系质的提升，从而真正达到像第一次工业革命一样的生产效率提升。

2019年2月14日有消息指出，美国最大的金融服务机构——摩根大通将推出加密数字货币摩根币（JPM Coin），用于即时结算客户间的支付交易。据了解，摩根币（JPM Coin）是基于摩根大通自己的私链平台Quorum上发行的一种和美元1：1兑换的数字形式的虚拟数字货币。摩根币为企业间的资金流动而设计，早期应用主要体现在大型企业客户的跨境支付、证券交易、取代美元。摩根大通区块链项目负责人 Umar Farooq 表示，"目前，世界上存在的任何东西都可以转移到区块链上，其将成为交易的支付方式。坦白说，该技术是无边界的，任何拥有分布式账本技术的公司或机构都可以使用这类交易方式。"

JPM Coin 有三大应用场景。

第一种是针对大型企业客户的跨境支付，目前这种支付通常通过具有数十年历史的 Swift 网络在金融机构间进行电汇。Farooq 表示，由于金融机构有交易时限，且各国使用不同的系统，因此有时需要一天以上的时间来进行结算，而不能支持用户在一天中的任何时间段进行实时交易或结算。

第二种是证券交易。2018 年 4 月，摩根大通在区块链平台上测试了债券发行，模仿了加拿大国民银行发行 1.5 亿美元一年期浮动利率扬基存款凭证（CD）。据报道，机构投资者可以使用摩根大通的 JPM Coin，而非依靠电汇购买债券，这有助于消除交易结算和支付间的时间间隔，从而实现即时结算。

第三种用途是通过 JPM Coin 取代美元。Farooq 表示，要通过该通证使那些使用摩根大通资金服务业务的大型公司替换掉其全球各个子公司持有的美元。据了解，摩根大通为 Honeywell International 和 Facebook 等公司处理着大量受监管的资金流，将美元支付给员工和供应商。去年，这项服务为摩根大通创造了 90

## 第1章 通证化激励的缘起

亿美元的收入。

2018年8月10日,深圳国贸旋转餐厅开出了我国首张区块链电子发票,宣告深圳成为全国区块链电子发票首个试点城市,也意味着纳税服务正式开启区块链时代。区块链电子发票具有全流程完整追溯、信息不可篡改等特性,与发票逻辑吻合,能够有效规避假发票,完善发票监管流程。区块链电子发票将连接每一个发票干系人,可以追溯发票的来源、真伪和入账等信息,解决发票流转过程中一票多报、虚报虚抵、真假难验等难题。此外,区块链电子发票还具有降低成本、简化流程、保障数据安全和隐私的优势。采用区块链电子发票,经营者可以在区块链上实现发票申领、开具、查验、入账;消费者可以实现链上储存、流转、报销;而对于税务监管方、管理方的税务局而言,则可以达到全流程监管的科技创新,实现无纸化智能税务管理。

无论是世界上最具权威性的金融机构对区块链的应用尝试,还是中国深圳将区块链应用于电子发票,都具有标志性的意义,这预示着区块链将能够在金融领域发挥独特的作用,有助于减少交易摩擦,提升交易效率,符合科斯定律。

需要指出的是,出于防范金融风险的考虑,中国暂时还严格禁止将区块链应用于金融证券和融资等领域。

2. 区块链的技术应用价值

从技术角度看,区块链是分布式数据存储、点对点传输、共识机制、加密算法等技术的集成应用。众所周知,区块链是一种由多方共同维护，以块链结构存储数据，使用密码学保证传输和访问安全，能够实现数据一致存储、无法篡改、无法删除的技术体系。

在商业领域，要建立信任相当困难，保证信任更是不可能完成的任务。直到现在，我们都是依赖工具和机构代替我们管理信任。有了区块链，信任即可以体现在交易之中，这样便可以实现更强的信任保证。随着整个基于区块链网络连接的生态系统的信任感不断深化，将不再需要任何第三方作为中介来管理信任。区块链网络中的智能合约、认证和数字货币可将个体交易层面的信任整合起来。这样的信任整合能够优化交易各方的关系，极大提高生态系统中业务互动的效率。信任将成为一种动态：根据参与者的角色以及特定交易，可为个人和机构划分信任等级，即可信任、不完全可信或不可信。作为企业记录系统的区块链账本，未来将会成为企业、政府等的牢靠信任记录。

目前，区块链的应用已延伸到物联网、智能制造、供应链管理、数字资产交易等多个领域，将为云计算、大数据、移动互联网等新一代信息技术的发展带来新的机遇，有能力引发新一轮的技术创新和产业变革。

（1）区块链应用于信息共享

信息共享应该是区块链最简单的应用场景，就是信息互通有无。传统的信息共享要么是统一由一个中心进行信息发布和分发，要么是彼此之间定时批量对账，对于有时效性要求的信息共享，

## 第 1 章 通证化激励的缘起

难以达到实时共享。信息共享的双方缺少一种相互信任的通信方式，难以确定收到的信息是否是对方发送的。

区块链应用于信息共享，可以解决上述问题。首先，区块链本身就是需要保持各个节点的数据一致性的，可以说是自带信息共享功能；其次，实时的问题通过区块链的 P2P 技术可以实现；最后，利用区块链的不可篡改和共识机制，可构建起一条安全可靠的信息共享通道。

（2）区块链应用于版权保护

传统版权保护存在的主要问题有两个。第一个问题是流程复杂，以版权保护为例，现有鉴证证明方式登记时间长，且费用高。第二个问题是公信力不足，以法务存证为例，个人或中心化的机构存在篡改数据的可能，公信力难以得到保证。

区块链在鉴权证明领域的应用有版权保护、法务存证等。下面以版权保护为例，简单介绍区块链如何实现版权登记和查询。

- 电子身份证：将"申请人+发布时间+发布内容"等版权信息加密后上传，版权信息用于唯一区块链 ID，相当于拥有了一张电子身份证。

- 时间戳保护：版权信息存储时，是加上时间戳信息的，如果雷同，可用于证明先后。

- 可靠性保证：区块链的去中心化存储、私钥签名、不可篡改的特性提升了鉴权信息的可靠性。

2016年8月，Onchain、微软（中国）、法大大等多个机构在北京成立了电子存证区块链联盟"法链"。2017年12月，微众银行、仲裁委（广州仲裁委）、杭州亦笔科技有限公司共同推出的仲裁联盟链，用于司法场景下的存证，2018年3月，广州首个"仲裁链"判决书出炉。

（3）区块链应用于防伪溯源

商品从生产厂家到消费者手中，需要经历分销商、物流、质检机关、仓库等多个环节，跨境购物则更加复杂，中间环节经常出问题，消费者很容易购买到假货。假货问题困扰着各大商家和平台，至今无解。

区块链没有中心化节点，各节点是平等的，掌握单个节点无法实现修改数据，需要掌控足够多的节点，才可能伪造数据，这大大提高了伪造数据的成本。区块链天生的开放、透明，使任何人都可以公开查询，伪造数据被发现的概率大增。区块链的数据不可篡改性，也保证了已销售出去的产品信息已永久记录，无法通过简单复制防伪信息蒙混过关。

物流链的所有节点上区块链后，商品从生产商到消费者手里都有迹可循，形成完整链条，商品缺失的环节越多，将暴露出其是伪劣产品的概率更大。目前，包括腾讯、阿里、京东、沃尔玛等在内的企业，都已经有将区块链应用于物流、公益等防伪溯源的实际动作。

由此可见，区块链的防篡改、对等协同以及可信任特点，也

## 第1章 通证化激励的缘起

可以大大降低诸多领域的运转的摩擦，从而提升了运转的效率，这也是一种更广泛意义上的"交易效率"的提升。

3. 区块链对实体企业的应用价值

实际上，区块链的价值流转、对等透明以及匿名防篡改等特性，同样可以应用在实体企业的经营过程中。目前，大量的互联网企业、IT企业和制造企业都积极投入区块链技术的研发和应用推广，发展势头迅猛，迅速形成一场全球参与竞逐的"军备"大赛。可以预见，不远的将来，区块链技术将继续加快在产业场景中的广泛应用，与实体经济产业深度融合，形成一批产业区块链项目。

（1）区块链在企业外部营销上的应用

1）积分联盟

在以往的经营活动中，很多企业都通过积分系统进行营销，以获取和持续留存客户。商场购物积分营销是商家培养优质的忠诚客户的一种手段。目前积分卡种类繁多，涉及生活的方方面面。据统计，国内积分发行量价值数百亿元人民币，但积分实际消耗率仅有20%，积分对大多数用户而言就是鸡肋，积分效果甚微。这是因为，以往的积分系统存在积分兑换的限制多、门槛高；积分过于分散，无法共享累加使用；积分发行不透明，天然缺失公信力；中心化架构下，运营平台异常复杂；积分资料容易被黑客攻击，安全性低等弊端。

消费者在消费过程中会遇到各个银行、商家、机构等不同的积分系统。这些积分系统由于在各个组织内封闭，不能通用，造成了积分消费困难、利用率低。此外，各机构拥有自己的用户数据库，通过查询可以得知用户个人身份信息，无法对用户隐私进行保护。积分数据有被篡改的风险，无法保证信息安全。各机构积分系统复杂，无法准确制定平衡的兑换比例。

基于区块链技术可以在各个企业之间建立一种不可篡改的信任登记机制，为不同积分的打通互换提供了可能，从而能够盘活积分，促使各家消费服务手段的升级，共同打造互信共赢的协同商圈。通过区块链搭建各个商家参与的积分联盟链，用户将联盟中不同商户内的自有积分，在区块链通用积分交易平台兑换成通用积分，即可用通用积分在联盟内任意商户进行消费结算。用户在系统内以账户地址形式存在，不同商户间无法获取用户信息。数据存于区块链中不可篡改，积分操作记录可存于用户本地计算机可被溯源，避免用户积分数据造假。商户自有体系内的积分可以通过兑换成通用积分流通起来，提升用户获取积分的积极性。

这样一来，在区块链平等、真实、可信的机制下，对消费者来说，可以实现积分价值最大化；对商家来说，可以突破现有的营销瓶颈、省去烦琐对账从而提高运营效率。最重要的是，这将是提高企业获客、留客能力的重要手段。

2）精准营销

除了积分联盟的方式，区块链也可以应用于企业的精准营销中。众所周知，数据营销是互联网和大数据时代的新型广告营销

第 1 章 通证化激励的缘起

模式,包括搜索引擎广告、社交平台广告、视频平台广告和其他网站或应用平台广告等形式。其产业链上下游包括广告主、第三方广告平台、互联网媒体等。

目前,中国广告市场规模位于世界第二,正处于稳定增长期。国家工商行政管理总局数据显示,2016 年中国广告市场规模为 6489 亿元,同比增长 8.6%,高于 GDP 增速 1.9 个百分点,其中,数据营销的销售额占比不断提升。2016 年中国数字营销市场规模达到 2903 亿,同比增长 32.9%,这主要由移动互联网在中国快速发展所驱动。数字营销行业常年存在虚假流量和广告欺诈等现象,导致广告主和广告代理商之间信任缺失。广告监测机构 AdMaster 指出,2017 年上半年无效流量占比为 29.6%,这其中包括虚假流量和广告欺诈。

传统监测无效流量有两种方法。第一,依赖第三方的监测报告来鉴定投放效果。第二,通过深入分析广告各指标数据,排除掺水数据,然而排查和分析数据的过程需要消耗大量人力和物力。

区块链可以使广告点击数据变得更加透明,不再依赖第三方监测。区块链允许广告主清晰地追踪广告点击、观看和转化率等信息,并准确地判断广告触达用户是不是目标群体。这解决了数据营销行业的信任问题,使每一笔广告预算的花费公开透明,大幅节约企业营销成本,解决了广告行业虚假流量的问题。

传统广告行业的另一个痛点是用户数据收集问题。广告主通常需要从各种渠道收集消费者的信息(如年龄、性别、行业、收入等）来精准定位目标客户。传统的数据收集需要耗费大量金钱和资源，获得的数据种类有限且很有可能存在谬误和偏差。另一方面，数据的采集渠道和方式可能侵犯了用户的隐私权。区块链可以很好地解决这一困境。通过搭建区块链数据交易平台，广告主可以直接从用户处收集他们愿意分享的信息，数据维度更加丰富、信息来源真实可靠、用户画像更加立体，从而帮助广告主提高广告投放转化率。对用户来说，分享数据的行为可以获得代表价值的 Token（代币）奖励，并且自身的隐私权也能得到保护。

此外，从长期来看，区块链或将彻底改变数字营销行业的利益分配模式。传统数字营销行业中，中心化广告平台能够通过用户流量与数据获得巨额广告营收。例如，全球社交平台 Facebook 2017 年第四季度来自广告业务的营收为 127.79 亿美元，占全部营收的 98.5%。然而对用户而言，广告消费了用户的注意力，或为广告主带来流量和价值，或需要用户付出时间成本（漫长的广告等待时间），或需要用户付出金钱成本（需要付费去除广告等）。而区块链的 Token 激励机制有望颠覆现有营销行业，鼓励用户主动点击广告并获得收益，促使营销行业利益分配回归合理。现有状况下，奖励机制的缺失使用户对广告持有抵触心理。而如果能够对用户的广告点击行为进行 Token 奖励，一方面广告观看不再强制，减轻用户的抵触心理，提升用户体验；而另一方面注意力消费的收益也由平台回归用户，变革数字营销行业的生产关系。

## 第1章 通证化激励的缘起

（2）区块链应用于企业内部管理

基于区块链的特性和机制，其不仅可以应用于企业与客户的关系变革上，同样也可以应用于企业内部管理上，这包括内部业务管理和人员管理。业务管理方面，区块链技术应用于供应链管理就是一个重要应用方向。而将区块链的技术特性及其激励原理抽象出来，还可以用在企业内部人员管理上，解决一些长期困扰企业日常管理的顽疾。

在企业的内部人员管理中，经常会碰到以下这样一些典型现象。

- 所有员工一起吃大锅饭，不管业绩好坏，逢年过节大家的福利雨露均沾，到了年底还都可以拿点年终奖。这种情况，让干得好的员工觉得憋屈，干脆也破罐子破摔，凑合着干事，因为干好了也没什么特殊回报；干得不好的员工该得的福利一分不少，所以，平常只求和大家处好关系，舒舒服服待着。
- 能者多劳，成了很多管理者的惯性思维，总是对那些能力不错的员工加以重用，久而久之变成了习惯，一有任务就首先想到他。可是呢，员工想要的很简单，锻炼自己的能力只是其中一方面，另一方面，是想升职加薪，他在期许一个未来，所以才会积极主动地做事，但是管理者却只许以口头赞扬和精神鼓励，把用的顺手当成了理所当然，能者也就逐渐没有了动力。
- 做多错多，员工积极努力地抢事做，势必会因为经验不足，考虑不周而做得不够完美。有的管理者却过分地关注不足的地方，提出批评,对积极主动的行为视而不见。这会让积极主动的员工有挫败感:早知道不抢这活干了。这样的负面情绪多了,员工也就越来越不积极了。

• 不做不错,我们可能都会遇到这样的员工,总有各种理由无法承担管理者下达的新任务,管理者也没有什么好的办法,甚至有时候还得和员工商量、哄着员工干活。这样的员工往往不会受到惩罚,便给了所有员工一个暗示,积极努力的都吃亏,少干不干的人反而没什么损失。这样,积极也变成消极了。

上述这几个在企业内部管理中经常遇到的现象,归结起来,问题其实出在了公平、信任和激励上。而区块链的出现以及区块链技术的成熟会大大推进这种现象所涉及的问题的解决。因为区块链通过机器和算法可以解决信任问题,根据员工工作"算力"多少实时地给予相应 Token 可以解决激励和公平的问题。把这套机制应用于企业内部人员的管理中,每个企业成员的个体劳动和贡献都将会用 Token 进行实时标示,多劳多得,而且在此过程中,还可以利用区块链的防篡改技术保证公平。这样,将会基于区块链的技术和 Token 的激励原理,建立起一个新型的协作模式。这其实就是本书所要阐述的将区块链的激励原理应用于企业内部人员激励与管理上的解决方案的基本思路。这里我们先做个引子,后续章节会一步一步地阐释这套解决方案的运行原理、诞生过程及具体实施方案。

## 1.2 从区块链到通证经济

区块链技术来源于比特币（Bitcoin），因此其第一个应用就是发行和流通加密数字货币（cryptocurrency）。

随着以太坊（Ethereum）的诞生及其生态的发展，以 ERC-20 为标准的通证（Token）生态迅速发展，使人们逐渐认识到，加密数字货币实际上是通证的一种，而通证才是更具普遍性和通用性的应用范式。由此逐渐形成了通证经济（Token Economy，亦可翻译为通证经济学）。

### 1.2.1 "通证"一词的由来

从区块链诞生到 2017 年的一个时期里，Token 在区块链的语境下都被翻译为"代币"，但中关村区块链产业联盟理事长元道先生和通证经济发起人、CSDN 副总裁、通正道捷首席架构师孟岩先生两位认为，很多 Token 已经明显不是代币了。代币，顾名思义就是要代替货币，赌场里面的筹码，游戏厅里面的小硬币，这些都可以叫作代币，但也有一些就超脱了代币的范畴，如加密猫（以太坊上运行的一款游戏）。所以，他们就开始尝试对 Token 做出新的翻译。直到 2017 年 11 月中下旬，在孟岩与元道的一次对话中，孟岩提出将 Token 翻译为"通证"，意思是"可流通的加密数字权益证明"，元道也对此表示赞同，才有了"通证"一词。后来他们又合写了一篇文章《通证是区块链的主要应用》，文章中正式提出将 Token 翻译成"通证",自此"通证"一词正式使用。在该文中,通证被定义为"可流通的加密数字权益证明"。随后,根据志顶科技创始人王玮的建议,自 2018 年 1 月起,通证的定义被泛化为"可流通的加密数字凭证"。这一定义受到了业内人士的一致认同,一直被广泛使用至今。

## 1.2.2 通证与通证经济

通证与通证经济是区块链技术特性和激励原理带给人们的新启示。基于通证和通证经济,可以创造更加积极、紧密而高效的协作关系,获取更好的经济效益。

1. 什么是通证

随着区块链行业的快速发展,人们发现,通证和通证经济在区块链产业中的意义越来越大。作为第一代通证的比特币,是一种"加密的,点对点的现金",它的核心就是免除了第三方的信任,从而让价值转移在双方之间匿名、可信地完成。

一段时间以来,通证被定义为"可流通的加密数字凭证",但这一定义未能把握通证相较于普通数字对象(digital object)的主要不同点,而且对普通读者而言,"可流通的加密数字凭证"其实与"通证"一样难以理解。因此,孟岩进一步以分层定义的方式对通证进行了明确的界定,分别提出和定义了基本通证、加密数字通证和区块链通证的概念。

• 基本通证:通证是始终绑定身份信息的全局唯一

(singleton)、不可变（immutable）数字对象（digital object）。也就是说，如果有一个数字对象，它独一无二，不存在副本或者克隆，而且始终对应着一个身份集合，而不能以无对应身份信息的状态单独存在，则它就是一个通证了。基本通证的几个重要的而且常见的操作是创建、销毁、流转、拆分和聚合。

• 加密数字通证：在上述基本通证的基础之上，如果作为通证的数字对象本身是个加密数字对象（crypto object），也就是说，其内容以密码学技术确保完整性（integrity）和不可篡改，从而在不可变性（immutability）上施加了强保证，则称这种通证为加密数字通证。至于如何确保不可篡改和不可变性，是具体的技术操作问题，这里不做深入探讨，读者只需理解这些通过技术的进步都是可以解决的。

• 区块链通证：鉴于区块链是由多个对等的利益主体共同维护的一个共享数据库，在这个数据库中发行和运转的加密数字通证，称为"区块链通证"。它具有上面提到的各种特点：跨主体的全局唯一性、由密码学保证的不可变性、不可复制、去中心化发行。

由此可见，通证不一定要运行在区块链上，一个中心化系统上同样可以运行通证。但是由于利益的原因，这样的中心化系统总有一个边界，这个边界也就划定了通证的活动空间。一类通证的活动范围越大就越有用、越有价值。既然中心化系统的边界受到利益格局的限制，那么中心化系统中的通证的价值也就是受限的。区块链的一个优势在于,它的节点之间是对等的、分布式的,各节点自愿自主加入,因此比较容易打破利益格局的限制,跨越利益边界发展。这样至少在理论上,区块链上的通证拥有更大的活动空间,也就具有更大的价值。但是这只是理论上,实践当中,很多区块链系统的接受度远远小于成熟的中心化系统,也导致这些区块链系统中的通证的活动空间和价值反而还不如中心化系统中的通证。

综上所述,通证就是绑定了账户信息的、全局唯一的、不可变的数字对象。如果用密码学技术确保了通证的不可变性,则称为加密数字通证。如果用区块链来作为通证的运行平台以跨越利益边界,则称为区块链通证。那么,通证这样一个东西,相比于我们熟悉的数字对象,有何新意呢?

通证是 IT 技术发展到新阶段而涌现出来的一类全新的数字对象。对 IT 技术发展不了解的人,对于这一点很难有所体会,为此我们需要将通证与人们熟悉的数字对象进行一番对比。

人们在自己的电脑、手机和互联网上接触到的绝大多数数字对象,都是纯粹的"无主"的数字对象,不绑定任何身份信息,更可以随意复制与编辑。因此,一份电子文档、一段数字视频,可以复制无限多份,同时归属多人所有。实际上传统的电脑、互联网和信息技术的伟大价值,恰恰是因为数字对象可以几乎零成本的大量复制,并且可以接近光速传播。

例如,当一个用户打开浏览器,输入一个网页地址之后,

## 第1章 通证化激励的缘起

立刻看到网页显示出来，而这个过程的本质，是服务器上一份代表网页的数据（数字对象），经过复杂的网络传输之后，被复制到用户的计算机内存里，并且被浏览器解释显示。当一个用户在手机上阅读同伴发来的消息，或者观看视频时，本质上他所看到的信息或者视频都是经由网络传输后复制到自己手机上的数字对象。再强调一遍，当今互联网中人们每天接触和使用的，都是可几乎零成本大量复制、以光速全球传播的、无主的数字对象，我们不妨称之为经典数字对象。与这类数字对象相比，通证的不同之处是非常明显的。首先是绑定了账户信息，因此有了"所有者"的概念。其次是全局唯一，只能流转，不能复制。这两点与经典数字对象极为不同，也是传统IT和互联网当中不存在的一类新的数字对象。

映射到经济学的概念里，经典数字对象非常像没有清晰产权的公共资源，而通证则非常像产权明晰的私有财产。毫无疑问，建立在私有产权基础之上的数字经济，从根本上不同于现有的互联网经济。

随着人们对通证的应用的不断发展和迭代，通证已经分化出多种类型，例如有代表现金的功能性通证，代表证件、发票的证明性通证，以及代表投票权、分红权的权益性通证，等等。

根据通证的定义，通证具有三个基本要素，即证、通、值。

- 证：通证是体现了共识的、代表某种权益的证明。
- 通：通证可流通、相互之间可以兑换。

49

## 区块链之通证化激励与管理

· 值：通证具有经济价值，人们愿意为增加其数值而付出。

通证具有多维、多阶、多态的特点。

· 多维通证。多维通证是指，一个通证可以代表一个价值观。可以通过创造多个通证，反映多元价值观的世界，从而推动和加强社会价值多元化。在单维价值观社会里，人们的行为是追求获得更多的钱，比较好预测。到了多维价值观的社会里，每个人追求的价值目标是不同的，多目标优化是很难的，也不好预测。多维经济价值的计算没有统一标准，将推动和加强社会价值观多元化，终结金钱的一元化统治。

· 多阶通证。正如现实世界中的金融资产是分阶的：现金是最基本的金融资产，现金之上有债权，再往上有股票、期权、期货、期货合约、指数期货合约，再上面还有CDS、CDO，这种分层就是"阶"。通证也有"阶"，简单来说，高阶通证是低阶通证的某种函数。

· 多态通证。通证还可以有"态"，包括固态通证、液态通证和气态通证。固态通证不可以移动，它只能验证。例如身份证，就是一个人的固态通证，不可以拿它去跟别人交换、去卖给别人。能够随意流动、随意交易的通证，叫作液态通证。它可以流动，也可以通证之间融合。气态通证，也可以流通、混合和交易，但它里面包含一些虚链接或软链接。虚链接指向一些链外的资产，或者未来资产。这种资产是有风险的，它不一定会兑现。

第 1 章 通证化激励的缘起

结合多维、多阶和多态的特点，可以构造出一个极具想象力的"通证经济"。在"通证经济"里面，可以实现很多全新的、极具想象力的价值创造活动。

作为区块链最好的搭档，通证补齐了价值互联网的关键一环——价值载体，并具备灵活多变的价值定义功能，从而使得原本单一的金钱维度社会，有了更多的价值衡量可能。同时，作为区块链上主要的激励手段，通证能够成为组成社群型组织（一种分布式协作组织）的新型链接媒介，虚无缥缈的社群价值观，能够真正成为创造共同价值和享受社群红利的凭证，社群的边界再也不被人力的边界所局限，人类的合作从"强中心"的高管理成本模式，会逐步演化为"弱中心"甚至"去中心"的模式，而合作者之间的链接，除了共同的价值观和目标之外，能够因通证的存在更加科学地表达出来。越来越多的人相信，随着区块链技术和通证经济的普及，数字经济将会更加真实可信，经济社会由此变得更加公正和透明。

2. 什么是通证经济

无论是比特币还是以太坊等区块链公链网络，还是之后基于区块链衍生的诸如 ICO（Initicial Coin Offer，首次代币发行）、DAO（Decentralized Autonomous Organization，去中心化自治组织）等应用都证明了一个事实——通证经济是区块链最大也是最重要的应用。

最早 Token Economy 出现于二十世纪五六十年代，应用于幼

## 区块链之通证化激励与管理

儿园、养老院、医院,特别是精神病院之中,属于行为分析学科,主要研究在一个相对封闭的社群当中,如何用类似小红花、小星星之类的 Token 来激励幼儿、老人或病人,以便于管理或者辅助治疗。尽管听上去这件事情与我们现在所谈的通证经济八竿子打不着,但其实二者内在有很多相通之处。比如设定哪些 Token,Token 发放的数量和速度,Token 对应的奖励,不同的 Token 之间的兑换规则,等等。

在网络通信中,Token 的原意指"令牌、信令",比如 IBM 曾经推过一个叫作 Token Ring Network 的局域网通信协议。网络中的每一个节点轮流传递一个令牌,只有拿到令牌的节点才能通信。这个令牌,其实就是一种权力,或者说权益证明。而区块链中的 Token 之所以广为人知,缘起于以太坊的 ERC20 标准;基于它,任何人都可以在以太坊上发行自定义的 Token,所以 Token 在这个标准里可以代表任何权益和价值。不难理解,代币相当于 Token 范畴的一个子集,一个具体应用,不能将两者直接对等。

正如孟岩先生指出的那样,"通证"将给予人无限的想象空间。孟岩曾引用尤瓦尔·赫拉利在《人类简史》中的观点来描绘通证将会带来的新蓝图:"尤瓦尔·赫拉利在书中认为,人类文明是基于对'虚构故事'的信任和认同而构建的,例如对'公司股份制'的信任共识,促成了人类大规模的生产合作,孕育出了资本主义。通证则讲述了这样一个故事,伴随着数学加密算法、区块链技术构建的去中心化信用体系成为全人类新的信任

## 第 1 章 通证化激励的缘起

中心,通证将长袖善舞、穿针引线地关联人类创造的一切价值,汇聚一个覆盖全世界的价值互联网,并源源不断地激励人们去创造、尝试更多元化的社会协作和价值创造模式。无论从人类协作的广度还是深度上,相较于传统的公司股份制而言,通证经济势必引爆一场颠覆性的变革。恰逢其时,国外学者们提出了 Token Economy 的概念,但主要集中于加密数字产业链的研究,于是一个念头不由地在我脑海中萦绕,便是基于 Token 的本质意义,构建一个致力于组织协作、业务模式的通证经济体系。"

2018 年 1 月的一次区块链系列沙龙上,元道和孟岩旗帜鲜明地宣布:独立于区块链业界的"链圈"和"币圈",成立第三个群体——通证派,并将对通证经济进行深入研究。2018 年 3 月,在中国区块链技术及应用峰会(BTA)上,孟岩通过演讲首次公开了关于通证经济的初期研究成果,包括通证经济系统设计的定义和范围,通证经济系统的分级和特点,以及结合自身区块链经济设计实践而总结的几个设计原则等。结果这次演讲,引起了出乎意料的巨大反响,通证经济系统的理念,得到了星火燎原般的传播,业界也开始达成共识,不仅认为未来确实将出现一种全新的通证经济业务模式,而且还冒出了一批敢开业界风气之先的吃螃蟹者,通过业务和技术实践,让一些通证经济系统原型浮出水面。

根据孟岩的定义,通证经济(或称通证经济学)是一门以通证研究为基础的新学科,是研究通证经济体内生产、交换、分配、消费的学科。通证经济为社会提供了多种可能性。包括整体社会资产的泛金融化和极大的流动性，创造一种低摩擦经济模式，通过通证能够实现"分布式公司＋社群"的新型合作模式，通过通证可实现多元社会和多元价值观具体体现。作为区块链的最佳搭档，通证经济能够最佳地体现出区块链各项功能的作用，如图 1-10 所示。

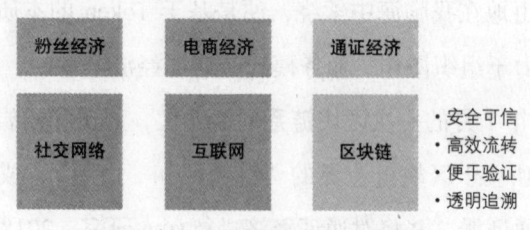

图 1-10　区块链通证经济的特点

## 1.2.3　区块链与通证经济的意义

从经济发展的角度来看，经济的核心是不断地提升效率。效率可以分为单点效率和协作效率两个部分。单点效率的提升，依靠的是技术和工具的不断发展来提高产业链上某一个环节的生产力，例如蒸汽机和内燃机，能够在不增加人力的情况下，做到更多的工作量。协作效率是对人与人、环节与环节之间的合作模式提出优化的方案，包括提升生产效率和交易效率，从而实现提高资源配置效率。

区块链对于效率提升的意义在于，在协作中引入了确定性，

## 第1章 通证化激励的缘起

降低了交易摩擦。传统的交易模式，分为两方交易和加入中间人的多方交易，双方交易的过程可以看作是一维的买卖关系，而加入了中间人的交易，就可以变得拥有更多模式和更多可能性，成为具备二维性质的交易过程。在目前的交易过程中，我们是通过银行、机构和政府等第三方来确保交易顺利进行。但是，只要是由人来负责执行的第三方，必然会存在一定的异化可能性，中心化的第三方，永远无法杜绝"信任"这个隐患。

作为区块链，就是在交易双方之间，引入了一个完全可信且不会被腐化的"第三方"——智能合约。由算法保证了执行的客观公正，由不可篡改的时序数据结构来保证合约本身的可靠。这个由底层区块链来担任第三方的模式，最大化地消除了由于不信任造成的交易成本，降低了交易风险和交易耗散，从而实现在交易中最大化地降低交易费用，提升交易效率和资源配置效率，从而提升协作效率。

基于区块链衍生的通证经济的意义是多方面的，主要表现在以下几个方面。

- **低摩擦经济**：通证具有极高的流通性，可以 $7 \times 24$ 小时不间断交易。通证一拿到手上，就可以立刻验证它的真伪，追踪它所有的历史流转记录。所以，它的可信度是人类此前所有的工具都无法比拟的，包括现代化的大型中心化系统。它会带来一个高度信任和低摩擦的经济。

- **分布式公司**：通证经济基于通证的激励，可以带来一种大规模的、跨边界的分布式协作,即分布式公司,或分布式协作组织DCO(Distributed Cooperative Organization),让每一个人的价值充分得到发挥,并实现跨边界的协同和参与,超越一个人同一个周期内只能服务一个单一公司和岗位的局限。

• 多元社会:在现实中,普通人由于受社会权力和资源的束缚,只能用金钱这一个维度来衡量其所有行为。这就把我们所有的行为,最后都压缩到金钱的一元化评判系统上,让金钱变成社会唯一的价值观,或最重要的价值观,这带来诸如社会道德滑坡、个体精神世界空虚等多重问题。在通证经济条件下,所有的价值都可以被通证化并可以相互交换,每个人的价值都可以得到充分体现和认可,这将会带来一个多元价值观的社会。

由此更进一步,基于通证链接的大规模跨边界强协作的新型组织(简称社群型组织或通证化组织)具有明显的竞争优势,主要表现在以下方面。

• 广义资产化,拥有更多资源可用于激励。有了通证,可以对原来很多不被重视或不能标示、流通的资源进行通证化,从而使得这些资源得以成为新的资产,被用于协作参与方的价值激励。

• 创建灵活的激励结构,促进大规模强协作。通证能够实现实时的流通,能够将每个个体在一个协作关系中所做出的点点滴滴贡献进行通证化标示和激励,从而可以起到实时、灵活的激励,促进大规模的紧密协作。

• 利润共享,共创共生。在通证化协作模式中,每个参与者可以既是生产者,又是消费者,大家彼此是一种对等协作的关系,以通证为纽带紧密联合在一起,围绕某个目标各尽其能、分工协作。每个人既是价值的创造者,也是价值的享受者。这样,利润这种形式将不再有现实意义,这将会变革以往公司制协作中生产与消费双方对立博弈的关系,改变公司以追求利润最大化为目的的模式。在这种情况下,使得商业不再是赤裸裸的一方出卖劳动力创造利润,另一方独享利润。这将使得商业不再背负任何道德桎梏,从而最大可能地凝聚力量,创造最大化的共享价值。

## 1.3 通证经济带来的人类协作组织新范式

人类进步的长河就是一部不断消除摩擦的历史。从引入货币取代以物易物的交易,到以数字签名代替实体印章,我们见证了创新推动的不断进步。互联网的出现使得摩擦出现了急剧的变化。摩擦呈现出此消彼长的格局。例如,信息不对称造成的摩擦,促使业务合作伙伴和消费者等群体要求提高透明度。网络犯罪等新型摩擦甚至对最成功的企业也造成了威胁。然而,通过前面的分析与探讨,我们知道区块链技术能够广泛应用于诸多领域,其最重要的价值是能够进一步降低广泛意义上的交易摩擦,提高效率。而这背后的本质是区块链所支撑的通证经济提供了一种新型的大规模协作工具和模式,启示着人们可以有更为有效地协同创造新范式。

### 1.3.1 分布式记账网络为何得以运转

传统的项目，像互联网网约车、互联网共享短租等号称共享经济的项目和企业，实际上还是在项目的所有方和劳动或者服务的提供方之间获取利益，这些利益是相互冲突、博弈的。因此，对项目所有方，必须要压低服务提供方的收入，才能够使自己有更多财富的积聚。在这样的传统框架之下，意味着系统高度集中、高度垄断，平台的所有者可以获得所有的权益。

而区块链最重要的产业价值，就是能够建立从供给端到需求端一气贯通的信任链条，使得价值传递过程去除了中介的干扰，既公开信息又保护隐私，既共同决策又保护个体权益，这种机制降低了交易摩擦，提高了交易效率。更为重要的是，基于区块链的通证经济可以打破僵局，通过分布式网络发挥极大的作用，让创造者也能够分享到价值。通证经济将改变人们的协作方式和价值创造模式，将原本在经济当中到处存在的零和甚至负和博弈转化为正和的协作，创建更繁荣、更和谐的经济和社会。传统的以公司制为主要组织形式的协作方式将逐渐被基于共识的、去中心化的、分布式的新型组织代替。

目前，这种基于区块链和通证经济的协作模式，已经有现实的应用案例。不管是比特币网络、以太坊网络还是 EOS 网络，其背后都是由广泛分布在各个地方的人们以分布式协作的方式进行开发和维护的，这远不同于以往基于公司化组织运作的项目。

## 第1章 通证化激励的缘起

在区块链的第一个应用——比特币网络中，就是采用 P2P（peer-to-peer）网络架构构建了一个去中心的可信交易网络，使得全网中的所有节点拥有对等参与记账的机会，对具有优质算力的节点，系统依照 PoW 共识算法给予其记账权限并给予其"挖矿"奖励。这样，网络中所有的节点都被激励着进行协同合作，共同维护网络共识，从而使整个网络节点的数据最终保持一致，保障网络持续有序的运行。统计数据显示，比特币网络节点已达到 9500 多个（截至 2019 年 4 月底），这些节点的背后其实是分布在全球不同地点的、具有不同年龄和性别、不同行业经验和不同技能的活生生的人，是他们操纵着计算机开发维护网络，执行记账和验证的任务。这些节点在完全相互对等、没有一个中心权威机构管治协调的情况下，在区块链的技术机制下，进行着如此大规模的密切协同，共同维护比特币网络稳定有效地运行着。

同样，在致力于打造下一代智能合约和去中心化应用平台的以太坊网络中，通过区块链技术及通证激励机制，在去中心化的条件下，依然可以组织 8972 个节点（截至 2019 年 4 月底）这样大规模的力量进行协同工作，共同维护一个拥有超过 2600 个（截至 2019 年 4 月底）分布式应用（DApp）的公有链网络的数据能够有效得到记录和验证，保障运行在其上的 DApp 有效运转。而运行其上的每个分布式应用，还拥有规模大小不一的用户，都要依靠以太坊的网络获取服务。

作为专门为商用分布式应用设计的一款区块链操作系统公链

网络的 EOS，目前该网络上的账户数量已经超过 155 万个（截至 2019 年 4 月底）。该网络系统筛选出 21 个超级节点，这些超级节点在 EOS 的共识及技术机制下（承担责任的同时，相应地也将分享到经济收益，EOS 每年将增发不超过 5% 用于奖励的超级节点）将承担治理、发展 EOS 生态的责任。也就是说，EOS 虽然实行了不同的共识机制，但同样是由分布在不同地方的人组成的协作团队，来完成所有的开发和维护工作。

综上所述，我们可以发现，各大区块链网络之所以能够得以安全顺畅的运转，关键是通过通证这一强有力的经济激励工具，使人们广泛、灵活、积极地进行一种新型的大规模跨边界强协作，其特点如下。

• 超大规模：可以组织数十万至数百万人，甚至上千万人的大规模协作。

• 强激励：通证为协作者提供了强有力的激励，因此参与者为了达成协作，可以付出较大的代价。

• 灵活：协作可以围绕一个长期目标展开，也可以是短暂的、临时性的协作，围绕协作可以建立长期、稳定的组织，也可以是召之即来挥之即去的临时协作体；一个个体可以打破边界同时参与在不同的协作体中，而不是仅仅局限在一个固定领域、行业的一个固定协作体中。

• 公平：通过公开、透明、可追溯的规则和记账，以及可充当权益分配证明的通证，可以做到收益分配的公平、公正、公开。

可以预见，具有上述特点的这种协作是前所未有的，这将为我们开辟一个全新的协作范式，在这种新范式下，人类协作效率将会迎来新的突破。

### 1.3.2 区块链的启示：人类协作新范式

通过对区块链的技术特性和运作模型的深入探析，我们认为，区块链的更为重要的意义在于，它是一种新的人类大规模协作平台。因为区块链提供了一个诚实可信的记账技术平台，在此基础上，通证作为价值符号，在协作者之间流转、交换，为每一位参与者提供合理的激励，这使得大规模跨边界强链接的协作成为现实。

1. 通证化组织即将诞生

这种新型的因区块链与通证结合而促成的大规模跨边界的分布式协作群体，我们可以称为通证化组织。这样的协作体，不同于传统经济活动的威力在于，它降低了个体参与经济活动的门槛，人人可以参与创造价值并实时分享价值；它基于去中心化、透明规则和共识机制，开放账目、开源规则，使得参与者能够即时感受公平和获得感；而且在通证化组织中，基于通证的价值流转十分方便和快捷，使得通证化组织的经济体系具有超高流动性。所以，在通证经济体系中，人们的参与积极性能够被极大激发，并且愿意相互妥协、付出牺牲，共同按照某个共识推动一个目标的达成，从而使得组织的价值输出呈螺旋上升态势。一个能将个人和团体利益同时最大化的体系，总是能吸引越来越多的人加入其中,实现大规模的超强协作。因此,区块链的威力在于创造一种新的协作关系。

毫无疑问,这将带来人类开展协作的新范式。在这种新的协作范式中,区块链作为全球化的可信价值网络,用户可以通过通证(Token)传递价值,并通过区块链为通证做技术背书。作为一种价值符号,通证把不同协作方通过价值互联网相互关联起来,打造了人类社会前所未有的新的规模灵活、边界弹性、协作超强的平台。

在新的协作范式下,曾经垂直性的科层式的组织可以通过合作伙伴横向扩展。智能合约指导下的商业、生产及合作活动执行起来将会更迅捷、更高效。摆脱了等级制度、官僚主义,企业不仅可以改变工作方式,还可以重新选择要开展的业务,同时也需要重新考虑定价、盈利能力和所有权等问题。在新型的组织范式下,由于具有跨边界、分布式等特性,这将会更容易地不断吸引新鲜血液加入,促使组织与时俱进,会让组织具有自我可持续能力。

## 2. 通证化组织需要合理的经济系统

尽管分布式账本技术具有诸多优势,但技术本身潜在的优势和机会并不会自动发生,通证化组织要想如预想的那样有效运转,这其中有一个关键的问题需要解决,那就是激励问题。在已经形成的产业格局中,各参与方账目私有,既受累于其中,也获得相应利益,这就是所谓的路径依赖。打破这一路径依赖需要外在的经济激励。而单纯的分布式账本技术未能提供这种激励。在实践中,我们看到各方虽然明明知道采用分布式账本技术会促进整体协作和利益,但是囿于各自的狭隘利益局限,往往参与推动这种整体利益提升的积极性并不高。

所以,每一个区块链通证项目和通证化组织要得以健康运转,关键是要调动起每个参与者的积极性。在此过程中,都需要发行通证作为一种经济激励的工具,促进生态圈内各个角色的协作。贡献越大,得到的通证越多。大家协作得越好,通证价值就越大、价格越高。因此,每一个项目都在试图设计一个通证经济系统(Token Economic System)。

通证经济系统设计要达到的目标:让一群自由的个体在有经济价值的通证激励之下彼此之间相互加强协作与交换,创建可持续发展与繁荣的经济,不断增进参与经济的全体角色的福祉。具体而言,通证经济系统设计要解决三个核心问题,即通证如何生产、通证如何分配以及基于通证激励的经济协作体如何发展。

通证经济系统的设计,就是要用经济激励的手段,让整个生态圈的每一个人、每一个角色尽可能行善事,不作恶。为此,在设计时要回答下面几个核心问题。

- 使用这个通证的用户分成哪几类角色?他们的利益诉求各是什么?
- 什么是对生态系统有益的行为?什么是有害的行为?
- 怎样激励每一个用户做好事?

区块链之通证化激励与管理

・怎样说服每一个用户不做恶？

经济系统设计得好，将使得通证化组织内成员的积极性被极大激发，从而创造出更优化的价值。反之，经济系统设计得不好，则有可能给组织运转造成巨大的损害。这里可以以曾经红极一时的通证化社群组织 FCoin 举例说明。

FCoin 曾一度是基于区块链自治、透明思想和通证经济激励而彰显大规模协作威力的典型案例。FCoin 号称是世界首家资产透明的数字资产交易平台，其运行治理完全由一个基于通证的社群负责。该平台承诺，会将平台 80% 的收入定期分配给平台权益通证 FT 的持有者。FCoin 于 2018 年 5 月底上线，仅仅半个月，便宣布在 FCoin 交易平台上的交易量达到全球第一，超过了第二名到第七名的交易平台的交易量总和，市值蹿升到 362 亿，其平台通证 FT 上涨了近百倍。FCoin 被视作区块链通证经济实践的胜利，其最具特色之处在于"交易即挖矿"+"收入分红"的激励模式，以及公开、透明和自治的社区化治理机制，这使得其能够对数字资产交易者产生足够的激励和吸引力，从而迅速吸引和汇集大规模的交易者聚焦到该平台进行交易。而这一切在传统经济体的协作体系和机制中是难以实现的。

然而，好景不长，几个月之后，由于 FCoin 的经济系统设计中在数值上存在致命的缺陷，导致在疯狂促成其达到一个颠覆之后，迅速坠落，让参与其中的用户受损严重，纷纷叫苦连天，从而使得该通证化组织形态的社群凝聚力迅速瓦解，FCoin 的业务

## 第 1 章 通证化激励的缘起

发展也开始跌入谷底。

因此，虽然通证化组织具有巨大威力，但这种威力必须有合理的运行保障系统——经济系统予以保障。否则，这种威力也不可持续，甚至会出现负作用。

3.通证化组织将终结科层化组织的困境

科层化组织主要具有以下主要特征：

- 内部分工，且每一成员的权力和责任都有明确规定；
- 职位分等，下级接受上级指挥；
- 组织成员都具备各专业技术资格而被选中；
- 管理人员是专职的公职人员，而不是该企业的所有者；
- 组织内部有严格的规定、纪律，并毫无例外地普遍适用；
- 组织内部排除私人感情，成员间关系只是工作关系。

客观而言，科层化组织的上述特征使得法治精神、理性性格和专业精神成为其独特的优点，这些优点给组织带来了高效率，符合工业化社会对组织的要求。但随着时代的发展，它的缺陷也逐渐暴露。20世纪70年代以来，知识经济、互联网技术的兴起与发展，正逐步将人类社会带入以知识、信息为基础的后工业社会，使社会原有的政治、经济和运行方式发生了巨大的变化。世界政治、经济、文化的巨变给传统的科层化组织带来了前所未有的挑战，使它与时代发展的不适应方面日渐显露出来，陷入了重重困境。这些困境主要表现在以下方面。

(1) 形式主义带来的组织僵化

科层组织内部各级结构，各种人员的职责、权限、活动方式等都是由一套严格的规则和章程来限定的，组织成员在组织内部的一切行动均需严格按照组织的规章制度来进行。由于过分强调照章办事，使组织成员的行动长期受到规则的限制，久而久之，组织成员就变得墨守成规。当人们专心注意各种规章和程序时，他们将忽视这些规章和程序当初建立起来的理由，而将遵守规定变成其目的，呆板地遵从已经建立的规定，容易令人无法了解和应付新的情况和问题，变得毫无弹性，组织的目标和效率反而可能因此丧失。组织人因循守旧、谨小慎微、眼界狭窄，缺乏主动性和创造性。科层制在按部就班的大工业生产条件下，能够使各种控制型管理井井有条，富有效率，但在一个信息瞬息万变，追求个性发展的社会，过于推崇理性化和程序化，必然会阻碍富有个性化社会的发展。同时也必然影响组织工作效率的进一步发挥和提高。

(2) 理性主义带来的人性异化

科层制犹如一只巨大的牢笼，将人禁锢其中，压抑了人的积极性和创造精神，使人成为一种附属品，只会机械地例行公事。现代政治文明要求保护个人权利，看重个人的成长，而科层制的创立从纯技术性的角度出发，强调组织活动的理性化和程序化，人的价值观念、道德意志在行政活动中的作用被忽视，伦理道德被排除在制度建设之外。科层制否定了成员的个性和感情以满足组织的要求，这会使他们仅是齿轮上的齿牙。整体机构以此否定一般人员的个性，并像对待物品一样对待他们，组织成员的个性、人格受到压抑。久而久之，人会逐渐丧失个性，成为没有精神、没有感情的机器。

（3）官僚化带来的寡头政治

严格的权威分层体系使得科层组织内部等级森严，很容易出现官僚化，即权力被少数人所垄断的现象。实际上，科层组织的权力是操纵在极少数高层决策者手中的，广大组织成员缺少参与。由于组织中的上层在行使权力的过程中缺乏来自下层的监督，使得权力上层有可能利用职权，压制民主。获得领导地位的人只要占据了高位，权力和声望便会进一步增加。他们可以利用组织的普通成员不能利用的知识和设施，还可以控制通信渠道中传送的信息。这会干扰和妨害组织信息的沟通和有效传递。领导人可以有目的地维护自己的地位，他们倾向于提拔那些和自己观点一致的下级。这样做的结果是使得寡头统治变成了一个永远的政治形式。另一方面，组织成员趋于敬佩和羡慕自己的领导人，领导人的声望不仅由于他的个人品质，还由于他的职位而得到加强。与领导人不同，成员们可能只在部分时间里为组织效力，并准备允许领导人对大部分事情行使职权。因为普通成员没有这些领导人老练，也不如他们消息灵通，所以他们期待领导人给予政策方面的指示。这样一来，组织的价值最终也集中掌握了在了少数人手中，而不是组织所有的成员都能得到公正的价值回报。

基于新协作范式下的通证化组织，恰恰弥补了传统科层化组织的诸多缺陷，是对以往科层式组织的全面革新和发展，更加适应当代社会发展的现状和趋势。通证化组织具有大规模协同、跨边界、灵活链接、实时激励反馈、公平公正等特点，这些特点将使得个体价值得到及时认可和激励，从而使个体的积极性极大提升；人们在组织的定位和角色能够灵活变换，有利于释放人的精神天性和个性化潜能；协作关系透明公正，组织民主得到进一步彰显，每个个体的参与权和价值享有权得以保障；基于通证的链接，组织的协作方式更加灵活，适应各类新的任务形态……所以，通证化组织将越来越多地成为人们日常协作干事创业的新组织形态，因为这能全面解放人的潜能，变革未来社会的生产关系，大大提升生产力。

### 1.3.3 现有企业组织的通证化之路

通证化组织具有诸多特色和广阔前景已是具有广泛共识的事情，现有的科层化企业组织越早通证化，将越早享受到其巨大的优势所带来的红利。然而，前景虽然美好，路还得一步一步地走，毕竟我们现在还普遍地处在传统公司制的体系之下，既有利益关系错综复杂，在触及利益比触及灵魂还困难的人性惯性下，企业进行通证化改造稍有不慎，不但不能华丽转身，还有可能导致企业组织因为各种理念分歧和利益冲突而鱼死网破、即时休克。那么，现有条件下的广大企业组织，如何利用区块链及其通证经济

## 第1章 通证化激励的缘起

才能逐渐通向通证化组织的光明巅峰呢？

我们认为，当下的企业组织利用区块链和通证经济进行通证化改造之路有四个层次。

第一层次的改造，是仅仅将纯粹的区块链技术应用于业务管理中，起到降低业务运转摩擦、提高效率的作用。一些企业已经做了一些探索，也已经证明了区块链技术在克服摩擦方面的强大能力。例如，阿里巴巴集团的菜鸟物流与天猫国际布局区块链溯源领域，利用区块链技术跟踪、上传、查证跨境进口商品的物流全链路信息，涵盖工厂生产、海外仓库、国际运输、通关、报检、第三方检验等商品进口全流程，用户通过阿里系客户端能查阅到全流程的物流和监管等商品信息。多方上链机制允许消费者交叉印证各项信息。

第二层次的改造，是在区块链的技术机制（不可篡改性、高流通性、可信性）下，引入通证代表企业资产，从而实现资产上链，这样上链后的资产就拥有了流动性，企业因此就可以获得融资。在这种情况下，基本不用改变企业原来的业务模型，企业还是按照原有的机制进行运营。

第三层次的改造，是将通证经济的激励原理应用于企业的内外部人员（外部客户、内部员工）激励与管理中。这样通过通证经济的激励体系，把大家的利益进行深度绑定，从而调动起人的原动力和积极性，实现个体效应和企业组织整体效能的提升。而本书要介绍的内容，正是基于通证经济进行企业内部人员管理的一整套解决方案及相应的工具、方法和手段。

区块链之通证化激励与管理

第四个层次的结合，就是解构企业的业务逻辑、组织架构、股东关系，将股东间的合股关系、员工间的雇佣关系和消费者间的服务关系统统改造为区块链系统上的软件服务和通证激励的关系。当完全改造完成后，企业就消失了，通证化组织就得以诞生。这时的组织，就会具备前面我们所描述的特征，开辟全新的组织运作模式，股东、员工和用户的三边博弈体系将彻底瓦解，而转变成为三位一体的共创共享关系。

需要指出的是，通证化是一种思想、一种模式，并非绝对的技术解决方案。所以，企业组织的通证化改造并非必须严格利用区块链技术或发行标准意义上的通证。重要的是利用通证经济的思想改造企业的业务模式、组织模式、激励模式、协作模式……比如，国内有一家新能源汽车公司叫蔚来汽车。很显然该公司的竞争对手是已经发展了16年的特斯拉，客观上讲，蔚来汽车在大部分维度上都无法跟特斯拉竞争。那么，蔚来汽车如何说服用户买自己的车而不是特斯拉呢？这是一个很现实的问题。于是，蔚来汽车的创始人李斌作为大股东做出了一个承诺，拥有蔚来的这批用户最终将得到李斌从他的个人股份中拿出的5000万股蔚来股票的收益处置权。某种意义上说，也就意味着用户买了蔚来的车，就成了蔚来的股东，将享受它的增长空间和溢价。在整个过程中它没有用区块链和通证的概念，但这个承诺背后的逻辑就是通证经济的思想和逻辑。而且这个承诺是放在蔚来汽车的招股说明书里面的，是有法律意义的承诺。这是有意义的一步，因为

## 第1章 通证化激励的缘起

在蔚来和特斯拉的对标中,如果找不到裂变方式去撬动用户,它基本上没有胜算。但是这么做的话,至少还会有一个胜出的概率。

由此可见,因为涉及观念转变、利益重配、技术瓶颈等方面的诸多问题,企业的通证化改造不能一蹴而就。我们主张企业组织与通证经济结合,应该采取分阶段进行的路径。在通证化的前期,为了提高效率和便于控制,建议在中心化的系统内实施通证化思维和模式,先做好企业组织生态系统的权益分配。在通证系统能够稳定运行后,再把整个系统加入智能合约,同时在公链上进行信用背书,以保证生态平台的公正性和可信性。运营到后期,再逐步过渡到自有的联盟链或公链平台,实施彻底的通证化转型。通过"中心化—弱中心—去中心"的理念和路径,逐步完成通证化的改造过程,如图1-11所示。

| | | 社群化治理 | |
|---|---|---|---|
| | 智能合约 | 智能合约 | 社群化治理 |
| 账目公开+公链背书 | 公链背书 | 智能合约 |
| 权益重分配 | 权益重分配 | 权益重分配 | 权益重分配 |
| 中心化应用 | 中心化应用 | 联盟链DApp | 公链DApp |

图1-11 企业通证化路径

在分阶段通证化路径的指导下,在国内当前政策法规严格禁止应用通证开展金融活动的前提下,我们推荐企业与通证经济结合可以从第三层次的改造开始。这样一方面对企业原有的运作机制、利益格局的改变最小，易于被企业内的相关利益方接受；另一方面，随着这种应用的深入，大家对通证经济的作用、意义的理解和体会就会更深刻。这样待时机成熟，有利于企业既可以方便地向下一级的层次延伸，又可以向上一级的层次拓展，开创真正繁荣强盛的新经济体系和协作组织。

本书提出的通证化激励，就是着眼于将通证经济应用于企业内部人员的激励和管理，变革现有企业组织内部的协作关系和利益分配机制，从而激发企业组织成员的原动力和创造力，促进企业组织个体效能和整体效益的成倍提升。

# 第 2 章
# 通证化激励的理论基础探析

"通证化激励"一词中,"通证化"是限定词,中心词是"激励",所以,通证化激励的本质还是激励。从激励的角度,通证化激励为什么是可行的、先进的?它遵循了哪些激励原理?这需要从激励的特性及其基础理论的脉络中加以梳理和分析。

## 2.1 什么是激励

激励，指激发和鼓励。有效的激励可以成为组织发展的动力保证，实现组织目标。反之，无效或糟糕的激励，会阻滞组织目标的实现，甚至导致组织分崩离析。所以，做好激励在组织人力资源管理中十分重要。

### 2.1.1 激励的定义

顾名思义，激励就是激发、鼓励的意思。具体应用于组织管理中，就有激励的主体、激励的对象以及激励的方式等诸多问题需要厘清。确定了这些问题，也就明确了激励的全部要义。

在管理学中，激励一般指组织通过设计适当的外部奖酬形式和工作环境，以一定的行为规范和惩罚性措施，借助信息沟通，来激发、引导、保持和规范组织成员的行为，以有效地实现组织及个人目标的过程。从该定义中不难看出，激励的主体是组织，激励的对象是组织成员的行为，激励的方式则是多种多样的。在《韦氏新世界英语词典》中，将激励定义为：向别人提供积极性或以积极性影响别人的"积极性"，促使一个人做事或以某种方式行事的内心的动力、冲劲或意欲。由此可见，激励涉及如何激发一个人内心深处的东西，即潜能。所以，激励的出发点一定是激励对象本身，在激励设计和实施之前，一定要充分理解激励对象的需求、特点和期望，这样才能对症下药，真正起到激励的作用。

## 第2章 通证化激励的理论基础探析

激励的关键是抓准被激励者的内在动机,针锋相对、一招制胜。有效的激励会点燃员工的激情,促使他们的工作动机更加强烈,让他们产生超越自我和他人的欲望,并将潜在的巨大的内驱力释放出来,为组织的远景目标奉献自己的热情。激励实施得好,能够顺利借助激励对象达成自己的期望,实现四两拨千斤的效果。有一个故事,很好地阐释了恰当激励所带来的效果。

【举例】

从前有一对老夫妇,喜欢安静,特意找了一个院落,安静地居住在那里。可好景不长,刚住不久就发现,总有一群附近的小孩来骚扰他们。他们恶作剧般地往老年夫妇家的院子里扔石头,然后一窝蜂地跑掉,第二天再来扔石头,乐此不疲。老爷爷对此十分恼火,每次都对小孩们大加斥责。但老爷爷凶巴巴的发火不起作用,他的老伴就另想了一个办法。有一天,一阵石子雨后,老奶奶和颜悦色地出现在孩子们面前,说:"欢迎你们来玩,从今天起我会给每个扔石头的孩子10块钱。"小孩们一听都高兴极了:"玩耍还能获得钱?真是太好了!"第二天小孩们来到老夫妇家又是一顿扔,然后每人得到10块钱。第三天就不一样了,孩子们扔完石头后每人只得到5块钱。又过了两天,老奶奶只给每个孩子2块钱,孩子们对待遇的降低都不满意,石头也不好好扔了。接下来老奶奶更过分了,连屋都不出,一分钱不给。孩子们气愤至极:我们辛辛苦苦地扔石头,他们还不给钱,不扔了!困扰老夫妇已久的问题就此解除。

## 区块链之通证化激励与管理

　　这个故事极好地展示了恰当的激励所带来的效果。老爷爷对孩子们的骚扰采取的措施是斥责，但无济于事；而老奶奶采取了截然不同的思路和方式。我们来分析一下这其中的奥秘。

　　任何行为的背后都有动机。小孩恶作剧的内在动机很单纯，他们从中获得了极大的乐趣。老爷爷采取的措施是斥责压制，但并未触及和满足小孩的任何动机，所以无济于事。而老奶奶则巧妙地运用了内在动机到外在动机的转化。内在动机是由活动本身产生的快乐和满足所引起的，奖励来自活动的内部，也就是活动成功了，本身就是对个人最好的奖励。老奶奶以给钱的方式使小孩扔石头的动机发生了改变，这时的动机被转化为外在动机，替代了内在动机。之后再将外在动机消除，便使得小孩没了动机，不愿意再扔石头了。

　　因此，通俗地讲，激励就是让人们自己做出选择并愿意付诸行动。本来小孩扔石头是为了娱乐，这其实是他们自己的事情，但老奶奶成功地把小孩子的娱乐变成了工作，因为她付费给孩子们，付费让娱乐变成了工作。一旦是工作，那就是要讲求回报的，而且还要讲性价比、合理性。当工作报酬越来越低的时候，这些小孩就觉得自己的工作得到了不公平待遇，于是做出了选择，即停止工作。

　　这个故事还提醒我们，老爷爷选择斥责孩子们并未奏效，是因为他是站在利己的角度采取措施，这种措施对孩子们而言是不利于他们的，他们反倒为了维护自己娱乐的利益，变本加厉地加

## 第 2 章　通证化激励的理论基础探析

强他们扔石头的行为。所以，激励一定要站在激励对象的角度去做，不能从自己的角度出发。

### 2.1.2　什么能给人带来激励感

经济学家格里高利·曼昆在他著名的《经济学原理》一书中列出了经济学十大原则，其中有一条是"人会对激励做出反应"。以太坊创始人 Vitalik Buterin 也曾总结说，所谓经济激励，就是使人为了增加其余额而愿意采取行动的东西。那么，除了经济激励，还有哪些激励因素，可以促使人做出反应并愿意采取行动呢？

组织激励领域世界级权威、美国作家迪安·R·斯皮策在《完美激励——组织生机勃勃之道》一书中认为"欲望驱动自我激励"，激发组织成员动力的因素是"欲望"，而不是"需求"。"需求"只是生存的必要条件，"欲望"则是人们主动想要得到的事物。一个人的"欲望"就是"我想要"，具有激励作用；而"需求"是"我有"，没有激励作用。不满足于现状是人的本性，不满足才能产生欲望。因此，激发员工的动力，本质上就是激发员工的"欲望"。《完美激励》一书列举了人类 8 种主要的欲望。

（1）活动欲

活动欲反映了人类对刺激——活跃、参与、享受生活——与生俱来的向往。员工希望主动和参与，希望工作多些花样。

（2）占有欲

一个人拥有多少东西，已经成为衡量其个人价值的首要尺度。占有不只限于物质的拥有,心理占有可能比物质占有更重要。人们希望"占有"他们的工作,他们希望有这样的感觉:自己对这份工作或者某个大项目负有责任。为此,他们愿意工作很长时间或者接受较低的工资待遇。但是在工作场所,我们很少尝试去满足组织成员的这些潜在占有欲。

(3)权力欲

权力欲在人性之中也是根深蒂固的。人们希望自己选择,渴望掌控自己的命运。组织通过有效"授权",就可以释放出组织成员巨大的工作动力。

(4)亲近欲

每个人都有与别人互动和交往的欲望。工作占据了一个人一生中最重要的阶段和大部分时间,工作场所是人们社会交往的主要场所。因此,在组织中构建和谐的团队,形成人和人之间相互支持和帮助的关系,增强个体对自身社会身份的认同感和归属感,是激励个体的重要途径。

(5)能力欲

人一出生就有能力欲,它是最基本的人类欲望,人类的生存依赖于能力,能力处于自尊的核心,人生中没有哪种感觉比获得能力更好了。拥有能力是一种深刻而持久的欲望。所有员工都希望在工作中获得更多能力,企业要为员工创造一种能够不断学习和成长的环境。

## 第2章 通证化激励的理论基础探析

（6）成就欲

成就欲处于工作中的核心地位。从成就获得的最终满足是骄傲，或者是完成工作之后的充实感。如果人们在工作中能够获得成就感，那么任何外部的奖励都是没有必要的，甚至有时外部的奖励还会减少成就感所带来的快乐。

（7）被认可欲

每个人都希望被别人赞赏和理解，希望因为他们的优点和贡献而受到认可。得不到足够认可的人，会变得郁闷和消极。给予认可的方式有多种，包括金钱、礼物甚至是一句简单的"谢谢"。美国的员工关系专家Bob Nelson在1999年9月至2000年7月期间对美国的34家公司的中层经理和员工所做的调查表明：认可与改善工作绩效有着非常强的联系。对管理者来说，认可和赞美是最便捷、最有效的激励方式。

（8）信仰欲

"人对意义的追寻，是其生命的第一驱动力量。"人们为了自己心中的理想和信仰，甚至可以献出自己的生命。

管理学大师彼得·德鲁克认为激励员工"唯一有效的方法是加强员工的责任感，而非满意度"。德鲁克提出可以通过以下4种方式来造就负责任的员工：慎重安排员工职务，设定高绩效标准，提供员工自我控制所需信息，拥有管理者愿景等。可见，德鲁克提出的造就负责任的员工，本质也是满足员工对工作的"占有欲""权力欲""能力欲"和"成就欲"等人类主要的欲望。

另外，讨论激励，不能忽略内部激励与外部激励的差异。外部激励来自外界，金钱和权力就是典型的外部激励。内部激励是源自内心的激励，如自我认知、自我肯定、自我表现等。在激励设计中，一个常犯的错误是将内部激励外部化，将本来应当由自我肯定来激励的行为转而用货币激励，则效果经常适得其反。例如，如果规定一个学生上课不得迟到，那么迟到的学生会在心理上产生一种"我是坏学生"的负激励，这会导致他努力避免迟到。但如果规定学生上课迟到就罚 5 元钱，那么他可能反而觉得自己只要掏钱就可以心安理得地迟到。这就是内部激励外部化的意外后果。

总之，激发组织成员的工作动力必须充分关注成员的情绪，尽力激发成员积极而振奋的情绪。有效调动成员积极而振奋情绪的是欲望，而不是"需求"。因此，激发员工欲望是激励的关键。

### 2.1.3 激励的类型

根据不同的维度，可以把激励分成不同的类型。不同的激励类型对行为过程会产生程度不同的影响，所以激励类型的选择是做好激励工作的一项先决条件。在具体实践中，一般将激励进行以下分类。

（1）物质激励与精神激励

虽然二者的目标是一致的，但是它们的作用对象是不同的。前者作用于人的生理方面，是对人物质需求的满足；后者作用于

## 第 2 章 通证化激励的理论基础探析

人的心理方面,是对人精神需求的满足。随着人们物质生活水平的不断提高,人们对精神与情感的需求越来越迫切,如期望得到爱、得到尊重、得到认可、得到赞美、得到理解等。

(2)正激励与负激励

正激励是当一个人的行为符合组织的需要时,通过奖赏的方式来鼓励这种行为,以达到持续和发扬这种行为的目的。负激励是当一个人的行为不符合组织的需要时,通过制裁的方式来抑制这种行为,以达到减少或消除这种行为的目的。

正激励与负激励作为激励的两种不同类型,目的都是要对人的行为进行强化,不同之处在于二者的取向相反。正激励起正强化的作用,是对行为的肯定;负激励起负强化的作用,是对行为的否定。在前面"老人与小孩"的故事中,老爷爷所采取的激励其实就是一种负激励。

(3)内激励与外激励

内激励指由内酬引发的、源自被激励对象内心的激励;外激励指由外酬引发的、与工作任务本身无直接关系的激励。内激励对应的是人的内部动机,外激励对应的是人的外部动机。

内酬指工作任务本身的刺激,即在工作进行过程中所获得的满足感,它与工作任务是同步的。追求成长、锻炼自己、获得认可、自我实现、乐在其中等内酬所引发的内激励,会产生一种持久性的作用。

外酬指工作任务完成之后或在工作场所以外所获得的满足

感,它与工作任务不是同步的。如果一项又脏又累、谁都不愿干的工作有一个人干了,那可能是因为完成这项任务,将会得到一定的外酬——奖金及其他额外补贴,一旦外酬消失,他的积极性可能就不存在了。所以,由外酬引发的外激励是难以持久的。

### 2.1.4 激励的作用

激励的作用在于通过激发组织成员的潜能从而实现组织发展的目标。具体而言,科学的激励至少具有以下几个方面的作用。

(1)吸引优秀的人才加入组织

发达国家的许多企业组织,特别是那些竞争力强、实力雄厚的企业组织,通过各种优惠政策、丰厚的福利待遇、快捷的晋升途径来吸引企业需要的人才。

(2)开发组织成员的潜在能力,促进组织成员充分地发挥其才能和智慧

美国哈佛大学的威廉·詹姆斯(William James)教授在对员工激励的研究中发现,按时计酬的分配制度仅能让员工发挥20%~30%的能力,如果受到充分激励的话,员工的能力可以发挥出80%~90%,两种情况之间60%的差距就是有效激励的结果。管理学家的研究表明,员工的工作绩效是员工能力和受激励程度的函数,即绩效 =F(能力 × 激励)。如果把激励制度对员工创造性、革新精神和主动提高自身素质的意愿的影响考虑进去的话,激励对工作绩效的影响就更大了。

### （3）留住核心人才

彼得·德鲁克认为，每一个组织都需要三个方面的绩效：直接的成果、价值的实现和未来的人力发展。缺少任何一方面的绩效，组织注定非垮不可。因此，每一位管理者都必须在这三个方面均有贡献。在三方面的贡献中，对"未来的人力发展"的贡献就是来自激励工作。

### （4）造就良性的竞争环境

科学的激励含有一种竞争精神，它的运行能够创造出一种良性的竞争环境，进而形成良性的竞争机制。在具有竞争性的环境中，组织成员就会受到环境的压力，这种压力将转变为员工努力工作的动力。正如美国著名的行为科学家道格拉斯·麦格雷戈（Douglas M·Mc Gregor）所说："个人与个人之间的竞争，才是激励的主要来源之一。"在这里，员工工作的动力和积极性成了激励工作的间接结果。

## 2.2 激励理论探析

在基本明确激励是什么以及激励的作用意义之后，我们需要更进一步地深入探析激励理论，以得到激励设计与实践的基本遵循。

激励理论，即研究如何调动人的积极性的理论。它认为，工作效率和劳动效率与职工的工作态度有直接关系，而工作态度则取决于需要的满足程度和激励因素。自从二十世纪二三十年代以来，国外许多管理学家、心理学家和社会学家结合现代管理的实践，提出了许多激励理论。这些理论按照形成时间及其所研究的侧面不同，可分为内容激励理论、过程激励理论、后果激励理论和综合激励理论几个类别。

## 2.2.1 内容激励理论

内容激励理论是针对激励的原因与起激励作用的因素的具体内容进行研究的理论。这种理论着眼于满足人们需要的内容，即人们需要什么就满足什么，从而激起人们的动机。

内容激励理论重点研究激发动机的诱因，主要包括马斯洛的"需要层次理论"、奥德弗的"ERG理论"、赫茨伯格的"双因素激励理论"和麦克利兰的"成就激励理论"等。

1. 马斯洛的"需要层次理论"

美国心理学家亚伯拉罕·哈罗德·马斯洛（Abraham Harold Maslow）于1943年初次提出了"需要层次理论"，他把人类纷繁复杂的需要分为生理需要、安全需要、情感和归属需要、尊重需要和自我实现的需要五个层次，如图2-1所示。

（1）生理需要

这是人类维持自身生存的最基本要求，主要包括呼吸、水、食物、睡眠、性、衣物等方面的要求。如果这些需要得不到满足，人类的生存就成了问题。从这个意义上说，生理需要是推动人

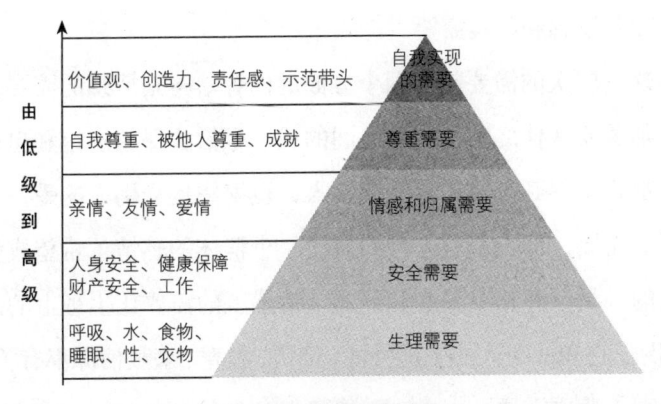

## 第 2 章  通证化激励的理论基础探析

```
由          价值观、创造力、责任感、示范带头      自我实现
低                                              的需要
级          自我尊重、被他人尊重、成就            尊重需要
到
高          亲情、友情、爱情                     情感和归属需要
级
            人身安全、健康保障
            财产安全、工作                        安全需要

            呼吸、水、食物、
            睡眠、性、衣物                        生理需要
```

图 2-1  需要层次理论

们行动的最强大的动力。马斯洛认为，只有这些最基本的需要满足到维持生存所必需的程度后，其他的需要才能成为新的激励因素，而到了此时，这些已相对满足的需要也就不再成为激励因素了。

（2）安全需要

这是人类要求保障自身安全、摆脱事业和财产丧失威胁、避免职业病的侵袭等方面的需要。安全需要主要包括人身安全、健康保障、资源所有性、财产所有性、道德保障、工作职位保障、家庭安全等方面的要求。马斯洛认为，整个有机体是一个追求安全的机制，人的感受器官、效应器官、智能和其他能量主要是寻求安全的工具，甚至可以把科学和人生观都看作满足安全需要的一部分。当然，当这种需要一旦得到相对满足后，也就不再成为激励因素了。

（3）情感和归属需要

这一层次的需要包括两个方面的内容。一是情感的需要，即人人都需要伙伴之间、同事之间的关系融洽或保持友谊和忠诚；人人都希望得到爱情，希望爱别人，也渴望接受别人的爱。二是归属的需要，即人都有一种归属于一个群体的感情，希望成为群体中的一员，并相互关心和照顾。情感上的需要比生理上的需要更细致，它和一个人的生理特性、经历、教育、宗教信仰都有关系。

（4）尊重需要

人人都希望自己有稳定的社会地位，要求个人的能力和成就得到社会的承认。尊重的需要又可分为内部尊重和外部尊重。内部尊重指一个人希望在各种不同情境中有实力、能胜任、充满信心、能独立自主。内部尊重就是人的自尊。外部尊重是指一个人希望有地位、有威信，得到别人的尊重、信赖和高度评价。马斯洛认为，尊重需要得到满足，能使人对自己充满信心，对社会满腔热情，体验到自己活着的价值。

（5）自我实现的需要

自我实现的需要是最高层次的需要，指实现个人理想、抱负，发挥个人的能力到最大程度。达到自我实现境界的人，接受自己也接受他人，解决问题能力增强，自觉性提高，善于独立处事，要求不受打扰地独处，能完成与自己的能力相称的一切事情。也就是说，人必须干称职的工作，这样才会使他们感到最大的快乐。马斯洛提出，满足自我实现的需要所采取的途径是因人而异的。

自我实现的需要是努力发掘自己的潜力，使自己越来越成为自己所期望的人物。

马斯洛需要层次理论还有一个需要叫自我超越的需要，通常被合并至自我实现的需要中。1954年，马斯洛在《激励与个性》一书中探讨了他早期著作中提及的另外两种需要：求知需要和审美需要。这两种需要未被列入他的需要层次排列中，他认为这二者应居于尊重需要与自我实现的需要之间。

通过对马斯洛需要层次理论的解析，可以得出以下观点。

· 五种需要像阶梯一样从低到高，按层次逐级递升，但次序不是完全固定的，可以变化，也有各种各样的例外情况；

· 需要层次理论有两个基本出发点：一是人人都有需要，某层需要获得满足后，另一层需要才出现；二是在多种需要未获满足前，首先满足迫切需要，该需要得到满足后，后面的需要才显示出其激励作用。

· 一般来说，某一层次的需要得到相对满足，就会向高一层次发展，追求更高一层次的需要就成为驱使行为的动力。相应地，获得基本满足的需要就不再是激励力量。

· 五种需要可以分为两级，其中生理需要、安全需要、情感和归属需要属于低一级的需要，这些需要通过外部条件就可以得到满足；尊重需要和自我实现的需要是高级需要，是通过内部因素才能得到满足的，而且一个人对尊重和自我实现的需要是无止境的。同一时期，一个人可能有几种需要，但每一时期总有一种需要占支配地位，对行为起决定作用。任何一种需要都不会因为更高层次需要的发展而消失。各层次的需要相互依赖和重叠，高层次的需要发展后，低层次的需要仍然存在，只是对行为影响的程度大大减小。

·马斯洛和其他的行为心理学家都认为，一个国家多数人的需要层次，是同这个国家的经济发展水平、科技发展水平、文化和人民受教育的程度直接相关的。在发展中国家，生理需要和安全需要占主导的人数比例较大，而高级需要占主导的人数比例较小；在发达国家，则刚好相反。

综上，在组织成员激励中，了解成员的需要是应用需要层次论对其进行激励的一个重要前提。在不同组织中、不同时期的成员以及组织中不同成员的需要充满差异性，而且经常变化。因此，管理者应该经常性地用各种方式进行调研，弄清组织成员未得到满足的需要是什么，然后有针对性地进行激励。

2. ERG 理论

ERG 理论是生存、联系、成长三核心需要理论的简称，因这三个英语单词的首字母 E（Existence）、R（Relatedness）、G（Growth）而得名。ERG 理论是美国耶鲁大学组织行为学教授奥德弗在大量实证研究基础上对马斯洛的需要层次理论加以合并、修改而形成的一种激励理论，如图 2-2 所示。奥德弗于 1969 年在《人类需要新理论的经验测试》一文中指出，在管理实践中将职工的需要分为以下三类较为合理和有效：生存需要、联系需要、成长需要。

## 第 2 章 通证化激励的理论基础探析

| 需要层次理论 | ERG理论 |
|---|---|
| 自我实现的需要 | 成长需要（G） |
| 尊重需要 | |
| 情感和归属需要 | 联系需要（R） |
| 安全需要 | 生存需要（E） |
| 生理需要 | |

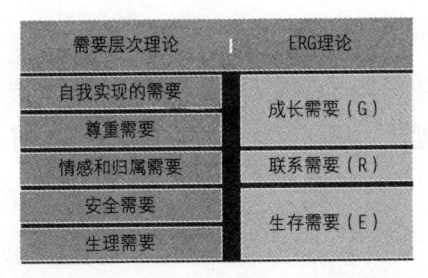

**图 2-2　ERG 理论与需要层次理论的联系**

（1）生存需要

生存需要与人们基本的物质生存需要有关，即生理和安全需求（如衣、食、行等），关系到人的存在或生存，这实际上相当于马斯洛理论中的前两个需要。

（2）联系需要

联系需要指人们对保持重要的人际关系的要求。这种社会和地位的需要的满足是在与其他需要相互作用中达成的，与马斯洛的尊重需要中的外在部分是相对应的。

（3）成长需要

成长需要即个人自我发展和自我完善的需要。这种需要通过创造性地发展个人的潜力和才能、完成挑战性的工作得到满足，这相当于马斯洛理论中第四、第五层次的需要。

除了用三种需要替代了五种需要以外，与马斯洛的需要层次理论不同的是，奥尔德弗的 ERG 理论还表明了：人在同一时间可能有不止一种需要起作用；如果较高层次需要的满足受到抑制的话，那么人们对较低层次的需要的渴望会变得更加强烈。

马斯洛的需要层次是一种刚性的阶梯式上升结构，即认为较低层次的需要必须在较高层次的需要满足之前得到充分的满足，二者具有不可逆性。相反的是，ERG 理论并不认为各类需要层次是刚性结构，比如，即使一个人的生存需要和联系需要尚未得到完全满足，他仍然可以为成长需要工作，而且这三种需要可以同时起作用。

此外，ERG 理论还提出了一种叫作"受挫—回归"的思想。马斯洛认为当一个人的某一层次需要尚未得到满足时，他可能会停留在这一需要层次上，直到获得满足为止。相反，ERG 理论则认为，当一个人在某一更高等级的需要层次受挫时，那么作为替代，他的某一较低层次的需要可能会有所增加。例如，如果一个人的社会交往需要得不到满足，可能会增强他对得到更多金钱或更好的工作条件的愿望。与马斯洛需要层次理论类似的是，ERG 理论认为较低层次的需要满足之后，会引发对更高层次需要的愿望。不同于需要层次理论的是，ERG 理论认为多种需要可以同时作为激励因素起作用，并且当满足较高层次需要的企图受挫时，会导致人们向较低层次需要的回归。因此，管理措施应该随着人的需要结构的变化而做出相应的改变，并根据每个人不同的需要制订出相应的管理策略。

3. 双因素激励理论

双因素激励理论（Dual-factor Theory）又称激励因素-保健因素理论（Herzberg's Motivation - hygiene Theory），是美国的行

## 第2章 通证化激励的理论基础探析

为科学家弗雷德里克·赫茨伯格（Fredrick Herzberg）提出来的。

20世纪50年代末期，赫茨伯格和他的助手们在美国匹兹堡地区对两百名工程师、会计师进行了调查访问。访问主要围绕两个问题：在工作中，哪些事项是让他们感到满意的，并估计这种积极情绪持续多长时间；又有哪些事项是让他们感到不满意的，并估计这种消极情绪持续多长时间。赫茨伯格以对这些问题的回答为材料，着手去研究哪些事情使人们在工作中快乐和满足，哪些事情造成不愉快和不满足。结果他发现，使职工感到满意的都是属于工作本身或工作内容方面的；使职工感到不满的，都是属于工作环境或工作关系方面的。他把前者叫作激励因素，后者叫作保健因素。

（1）保健因素

保健因素的满足对职工产生的效果类似于卫生保健对身体健康所起的作用。保健从人的环境中消除有害健康的事物，它不能直接提高健康水平，但有预防疾病的效果；它不是治疗性的，而是预防性的。保健因素包括公司政策、管理措施、监督、人际关系、物质工作条件、工资、福利等。当这些因素恶化到人们认为可以接受的水平以下时，就会使员工产生对工作的不满意。但是，当人们认为这些因素很好时，也只是消除了不满意，并不会导致产生积极的态度，这就形成了某种既不是满意又不是不满意的中性状态。

（2）激励因素

那些能带来积极态度、满意和激励作用的因素叫作"激励因素",这是那些能满足个人自我实现需要的因素,包括成就、赏识、挑战性的工作、增加的工作责任,以及成长和发展的机会。如果这些因素具备了,就能对人们产生更大的激励。从这个意义出发,赫茨伯格认为传统的激励假设,如工资刺激、人际关系的改善、提供良好的工作条件等,都不会产生更大的激励。它们能消除不满意,防止产生问题,但这些传统的"激励因素"即使达到最佳程度,也不会产生积极的激励。按照赫茨伯格的意见,组织管理者应该认识到保健因素是必需的,不过它一旦使不满意中和,就不能产生更积极的效果,只有激励因素才能使人们有更好的工作成绩。

赫茨伯格及其同事又对各种专业性和非专业性的工业组织进行了多次调查,他们发现,由于调查对象和条件的不同,各种因素的归属有些差别,但总体来看,激励因素基本上都是属于工作本身或工作内容的,保健因素基本都是属于工作环境和工作关系的。但是,赫茨伯格注意到,激励因素和保健因素有若干重叠现象,如赏识属于激励因素,基本上起积极作用,但当没有受到赏识时,又可能起消极作用,这时又表现为保健因素。工资是保健因素,但有时也能产生使职工满意的结果。

双因素理论强调:不是所有的需要得到满足都能激励起人的积极性。只有那些被称为激励因素的需要得到满足时,人的积极性才能最大限度地发挥出来。缺乏激励因素,并不会引起很大的不满。保健因素的缺乏,将引起很大的不满,具备了保健因素时并不一定会激发强烈的动机。赫茨伯格还明确指出，在缺乏保健因素的情况下，激励因素的作用也不大。

双因素理论促使管理人员注意工作内容方面因素的重要性，特别是它们同工作丰富化和工作满足的关系，因此是有积极意义的。赫茨伯格告诉我们，满足各种需要所引起的激励深度和效果是不一样的。物质需求的满足是必要的，没有它会导致不满，但是即使获得满足，作用往往是很有限的、不能持久的。要调动人的积极性，要注意物质利益和工作条件等外部因素，更重要的是要注意工作的安排，量才录用，各得其所，注意对人进行精神鼓励，给予表扬和认可，注意给人以成长、发展、晋升的机会。随着温饱问题的解决，这种内在激励的重要性越来越明显。

赫茨伯格的双因素理论同马斯洛的需要层次论有相似之处。他提出的保健因素相当于马斯洛提出的生理需要、安全需要、情感和归属需要等较低级的需要；激励因素则相当于尊重需要、自我实现的需要等较高级的需要。当然，他们的具体分析和解释是不同的，如图 2-3 所示。

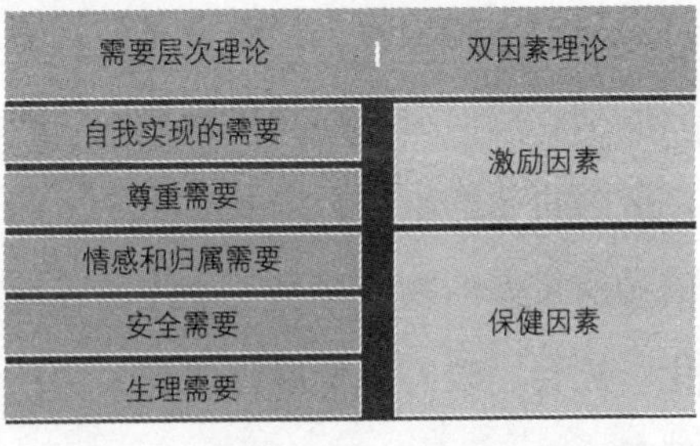

| 需要层次理论 | 双因素理论 |
|---|---|
| 自我实现的需要 | 激励因素 |
| 尊重需要 | |
| 情感和归属需要 | 保健因素 |
| 安全需要 | |
| 生理需要 | |

**图 2-3 双因素理论与需要层次理论的联系**

#### 4. 成就激励理论

成就激励理论由美国哈佛大学教授麦克利兰提出。他从二十世纪四五十年代开始对人的需要和动机进行研究，提出了著名的"三种需要理论"，并得出了一系列重要的研究结论。麦克利兰教授认为，人除了生存需要之外，还有三种重要的需要，即成就需要、权力需要和亲和需要。与需要层次理论和 ERG 理论相比，成就激励理论主要关注生存需要之外的因素对激励效果的影响，如图 2-4 所示。

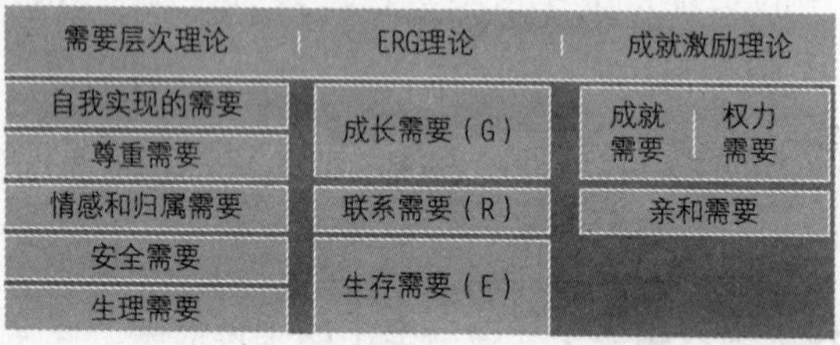

| 需要层次理论 | ERG理论 | 成就激励理论 |
| --- | --- | --- |
| 自我实现的需要 | 成长需要（G） | 成就需要　权力需要 |
| 尊重需要 | | |
| 情感和归属需要 | 联系需要（R） | 亲和需要 |
| 安全需要 | 生存需要（E） | |
| 生理需要 | | |

图 2-4　成就激励理论与需要层次理论、ERG 理论的联系

（1）成就需要

成就需要指争取成功、希望做得最好的需要。麦克利兰认为，具有强烈的成就需要的人渴望将事情做得更为完美，提高工作效率，获得更大的成功。他们追求的是在争取成功的过程中克服困难、解决难题、努力奋斗的乐趣，以及成功之后的个人成就感，他们并不看重成功所带来的物质奖励。个体的成就需要与他们所处的经济、文化、社会、政府的发展程度有关，社会风气也制约着人们的成就需要。

具有成就需要的人，对工作的胜任感和成功有强烈的要求，同样也担心失败；他们乐意，甚至热衷于接受挑战，往往为自己树立有一定难度而又不是高不可攀的目标；他们敢于冒风险，又能以正确的态度对待冒险，绝不会以迷信和侥幸心理对待未来，而是要通过认真的分析和估计；他们愿意承担所做的工作的个人责任，并希望得到所从事工作的明确而又迅速的反馈。这类人一般不常休息，喜欢长时间、全身心工作，并从工作的完成中得到很大的满足，即使真正出现失败也不会过分沮丧。一般来说，他们喜欢表现自己。麦克利兰认为，一个公司如果有很多具有成就需要的人，那么，公司就会发展很快；一个国家如果有很多这样的公司，整个国家的经济发展速度就会高于世界平均水平。

（2）权力需要

权力需要指影响或控制他人且不受他人控制的需要。不同人对权力的渴望程度有所不同。权力需要较高的人对影响和控制别人表现出很大的兴趣，喜欢对别人"发号施令"，注重争取地位和影响力。他们常常表现出喜欢争辩、健谈、直率和头脑冷静；善于提出问题和要求；喜欢教训别人并乐于演讲。他们喜欢具有竞争性和能体现较高地位的场合或情境，他们也会追求出色的成绩，但他们这样做并不像高成就需要的人那样是为了个人的成就感，而是为了获得地位和权力或与自己已具有的权力和地位相称。权力需要是管理成功的基本要素之一。

麦克利兰还将组织中管理者的权力分为两种。一是个人权力。

追求个人权力的人表现出来的特征是围绕个人需要行使权力,在工作中需要及时地反馈和倾向于自己亲自操作。麦克利兰提出,一名管理者若把他的权力形式建立在个人需求的基础上,不利于他人来续位。二是职位性权力。职位性权力要求管理者和组织共同发展,自觉接受约束,从体验行使权力的过程中得到一种满足。

(3)亲和需要

亲和需要指建立友好亲密的人际关系的需要。亲和需要就是需要被他人喜爱和接纳的一种愿望。高亲和动机的人更倾向于与他人进行交往,这种交往会给他带来愉快。高亲和需要者渴望亲和,喜欢合作而不是竞争的工作环境,希望彼此之间的沟通与理解,他们对环境中的人际关系更为敏感。有时,亲和需要也表现为对失去某些亲密关系的恐惧和对人际冲突的回避。亲和需要是保持社会交往和人际关系和谐的重要条件。

## 2.2.2 过程激励理论

过程激励理论重点研究从动机的产生到采取行动的心理过程,主要包括弗鲁姆的"期望理论"、洛克的"目标激励理论"和亚当斯的"公平理论"等。

1. 期望理论

北美著名心理学家和行为科学家维克托·弗鲁姆于1964年在《工作与激励》中提出期望理论。期望理论又被称作"效价—手段—期望理论",是管理心理学与行为科学的一种理论。该理

## 第 2 章 通证化激励的理论基础探析

论可以公式表示：激动力量 = 期望值 × 效价。

在这个公式中，激动力量指调动个人积极性，激发人内部潜力的强度；期望值是根据个人的经验判断达到目标的把握程度；效价则是所能达到的目标对满足个人需要的价值。该公式说明，人的积极性被调动的大小取决于期望值与效价的乘积。也就是说，一个人对目标的把握越大，估计达到目标的概率越高，激发起的动力越强烈，积极性也就越大。在领导与管理工作中，运用期望理论对调动下属的积极性是有一定意义的。

（1）效价

效价指达到目标对满足他个人需要的价值。同一目标，由于每个人所处的环境不同，需要不同，其需要的目标价值也就不同。同一个目标对每一个人可能有三种效价：正、零、负。如果个人喜欢其可得的结果，则为正效价；如果个人漠视其结果，则为零值；如果个人不喜欢其可得的结果，则为负效价。效价越高，激励力量就越大。

期望理论指出，效价受个人价值取向、主观态度、优势需要及个性特征的影响。可以根据行为的选择方向进行推测，假如个人可以自由地选择 A 结果和 B 结果的任一个，在相等的条件下：如果选择 A，即表示 A 比 B 具有正效价；如果选择 B，则表示 B 比 A 具有正效价。也可以根据观察到的需求完成行为来推测，例如有人认为有价值的事物，其他人可能认为全无价值。如 1 万元奖金对生活困难者可能很有价值，对百万富翁来说意义不大。一个希望通过努力工作得到晋升机会的人,在他心中,晋升的效价就很高;如果他对晋升漠不关心,毫无要求,那么晋升对他来说效价就等于零;如果他对晋升不仅毫无要求,而且害怕晋升,那么,晋升对他来说,效价就是负值。再例如,吃喝的数量和质量可以表明需求完成的情况,如果吃得多、吃得快,说明食品具有正效价。

(2) 期望值

期望值是人们判断自己达到某种目标或满足需要的可能性的主观概率。目标价值大小直接反映人的需要动机强弱,期望概率反映人实现需要和动机的信心强弱。弗鲁姆认为,人总是渴求满足一定的需要并设法达到一定的目标。这个目标在尚未实现时,表现为一种期望,期望的概念就是一个人根据以往的能力和经验,在一定的时间里希望达到目标或满足需要的一种心理活动。

弗鲁姆认为,期望的东西不等于现实,期望与现实之间一般有三种可能性,即:期望小于现实,期望大于现实,期望等于现实。这三种情况对人的积极性的影响是不同的。

· 期望小于现实:即实际结果大于期望值。一般地说,在正强化的情况下,如奖励、提职、提薪、分房子等,当现实大于期望值的时候,有助于提高人们的积极性。在这种情况下,能够增强信心,增加激发力量。而在负强化的情况下,如惩罚、灾害、祸患等,期望值大于现实,就会使人感到失望,因而产生消极情绪。

· 期望大于现实:即实际结果小于期望值。一般地说,在正强化的情况下,便会产生挫折感,对激发力量产生削弱作用。如

## 第2章 通证化激励的理论基础探析

果在负强化的情况下，期望值大于现实，则会有利于调动人们的积极性，因为这时人们做了最坏的打算和准备，而结果却比预想的好得多，这自然对人的积极性是一个很大的激发。

- 期望等于现实：即人们的期望变为现实，所谓期望的结果，是人们预料之中的事。在这种情况下，一般地说，也有助于提高人的积极性。如果从此以后没有继续予以激励，积极性则只能维持在期望值的水平上。

在实际操作中，每个目标的效价与期望值常呈现负相关。难度大、成功率低的目标既有重大社会意义，又能满足个体的成就需要，具有高效价；而成功率很高的目标则会由于缺乏挑战性，做起来索然无味，而导致总效价降低。因此，设计与选择适当的外在目标，使其既给人以成功的希望，又使人感到值得为此而奋斗，就成了激励过程中的关键问题。

2. 目标激励理论

目标激励理论，又称目标设定理论（Goal-Setting Theory），由洛克（Edwin Locke）于20世纪60年代提出。该理论认为挑战性的目标是激励的来源，因此特定的目标会增进绩效；困难的目标被接受时，会比容易的目标获得更佳的绩效。

洛克认为目标本身就具有激励作用，目标能把人的需要转变为动机，使人们的行为朝着一定的方向努力，并将自己的行为结果与既定的目标相对照，及时进行调整和修正，从而能实现目标。目标是引起行为的最直接的动机，设置合适的目标会使人产生想达到该目标的成就需要，因而对人具有强烈的激励作用。重视并尽可能设置合适的目标是激发动机的重要过程。

目标设定理论预测，当目标困难增加时，一个人的工作业绩会提高，直到到达业绩的顶峰，而对困难目标缺乏认同感的个体，会使企业业绩降低或者很差。该理论提出以下主要观点。

・目标要有一定难度，但又要在能力所及的范围之内。

・目标要具体明确。例如，对于写一篇文章来说，完成 70% 要比仅仅试着做做好得多。

・必须全力以赴，努力达成目标。如果将你的目标告诉一两个亲近的朋友，那么会有助于你坚守诺言。

・短期或中期目标比长期目标可能更有效。例如，下一星期学完某一章节，可能比两年内拿一个学位的目标有效得多。

・要有定期反馈，或者说，需要了解自己向着预定目标前进了多少。

・应当对目标达成给予奖励，用它作为将来设定更高目标的基础。

・在实现目标的过程中，对任何失败的原因都要抱现实的态度。人们有将失败归因于外部因素（如运气不好），而不是内部因素（如没有努力工作）的倾向。只有诚实对待自己，将来成功的机会才能显著提高。

目标有两个最基本的属性：明确度和难度，它们都会对绩效产生直接影响，如图 2-5 所示。

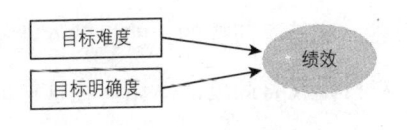

## 第2章 通证化激励的理论基础探析

**图 2-5 目标对绩效的影响**

从明确度来看，目标内容可以是模糊的，如仅告诉被试"请你做这件事"；目标也可以是明确的，如"请在十分钟内做完这25题"。明确的目标可使人们更清楚要怎么做，付出多大的努力才能达到目标。目标设定得明确，也便于评价个体的能力。很明显，模糊的目标不利于引导个体的行为和评价其成绩。因此，目标设定得越明确越好。事实上，明确的目标本身就具有激励作用，这是因为人们有希望了解自己行为的认知倾向。对行为目的和结果的了解能减少行为的盲目性，提高行为的自我控制水平。另外，目标的明确与否对绩效的变化也有影响。也就是说，完成明确目标的被试的绩效变化很小，而目标模糊的被试绩效变化则很大。这是因为模糊目标的不确定性容易产生多种可能的结果。

从难度来看，目标可以是容易的，如20分钟内做完10个俯卧撑；可以是中等的，如20分钟内做完20个俯卧撑；可以是难的，如20分钟内做完30个俯卧撑；或者是不可能完成的，如20分钟内做完100个俯卧撑。难度依赖于人和目标之间的关系，同样的目标对某人来说可能是容易的，而对另一个人来说可能是难的，这取决于他们的能力和经验。一般来说，目标的绝对难度越高，人们就越难达到。有400多个研究发现，绩效与目标的难度水平呈线性关系。当然，这是有前提的，前提条件就是完成任务的人有足够的能力，对目标又有高度的承诺。在这样的条件下，任务越难，绩效越好。一般认为，绩效与目标难度水平之间存在着线性关系，是因为人们可以根据不同的任务难度来调整自己的努力程度。

3. 公平理论

公平理论是美国行为科学家斯塔西·亚当斯在《工人关于工资不公平的内心冲突同其生产率的关系》（1962，与罗森合写）、《工资不公平对工作质量的影响》（1964，与雅各布森合写）、《社会交换中的不公平》（1965）等著作中提出来的一种激励理论。该理论侧重于研究工资报酬分配的合理性、公平性及其对职工生产积极性的影响。

亚当斯认为：职工的积极性取决于他所感受的分配上的公正程度（即公平感），而职工的公平感取决于一种社会比较或历史比较。社会比较指职工对他所获得的报酬（包括物质上的金钱、福利和精神上的受重视程度、表彰奖励等）与自己工作的投入（包括自己受教育的程度，经验，用于工作的时间、精力和其他消耗等）的比值与他人的报酬和投入的比值进行的比较。历史比较指职工对他所获得的报酬与自己工作的投入的比值同自己在历史上某一时期内的这个比值进行的比较。

每个人都会自觉或不自觉地进行这种社会比较，同时也要自觉或不自觉地进行历史比较。当职工对自己的报酬做社会比较或

第 2 章 通证化激励的理论基础探析

历史比较的结果表明收支比率相等时，便会感到受到了公平待遇，因而心理平衡，心情舒畅，工作努力。如果职工认为收支比率不相等时，便会感到自己受到了不公平的待遇，产生怨恨情绪，影响工作积极性。当认为自己的收支比率过低时，会产生报酬不足的不公平感，比率差距越大，这种感觉越强烈。这时职工就会产生挫折感、义愤感、仇恨心理，甚至产生破坏心理。少数时候，职工也会因认为自己的收支比率过高，产生不安的感觉或感激心理。

当职工感到不公平时，他可能千方百计进行自我安慰，如通过自我解释，主观上造成一种公平的假象，以减少心理失衡或选择另一种比较基准进行比较，以便获得主观上的公平感；还可能采取行动，改变对方或自己的收支比率，如要求把别人的报酬降下来、增加别人的劳动投入或要求给自己增加报酬、减少劳动投入等；还可能采取发牢骚、讲怪话、消极怠工、制造矛盾、弃职他就等行为。

## 2.2.3 行为后果激励理论

行为后果激励理论是以行为后果为对象，研究如何对行为进行后续激励。这一理论包括强化理论和归因理论。

### 1. 强化理论

强化理论是美国的心理学家和行为科学家斯金纳、赫西、布兰查德等人提出的一种理论，也被称为行为修正理论或行为矫正理论。

强化理论是以学习的强化原则为基础的关于理解和修正人的行为的一种学说。所谓强化，从其最基本的形式来讲，指的是对一种行为的肯定或否定的后果（报酬或惩罚），它至少在一定程度上会决定这种行为在今后是否会重复发生。

根据强化的性质和目的，可把强化分为正强化和负强化。在管理上，正强化就是奖励那些组织上需要的行为，从而加强这种行为；负强化与惩罚不一样，惩罚是对一些错误的行为采取的一些使人受挫的措施，负强化是告知人们某种行为是不可取的，如果做了这种行为会受到什么惩罚，从而削弱这种行为。

2. 归因理论

归因理论是探讨人们行为的原因与分析因果关系的各种理论和方法的总称。归因理论侧重于研究个人用以解释其行为原因的认知过程，亦即研究人的行为受到激励是"因为什么"的问题。

1958年，海德（Fritz Heider）在他的著作《人际关系心理学》中，从通俗心理学（Naive Psychology）的角度提出了归因理论，该理论主要研究的是日常生活中人们如何找出事件的原因。海德认为人有两种强烈的动机：一是形成对周围环境一贯性理解的需要；二是控制环境的需要。为了满足这两种需要，普通人必须要对他人的行为进行归因，并且通过归因来预测他人的行为，唯有如此才有可能满足"理解环境和控制环境"的需要。因此，普通人和心理学家一样，都试图解释行为并且从中发现因果关系，只

## 第2章 通证化激励的理论基础探析

是普通人的归因并没有什么科学方法,他们更多地依靠理解和内省。普通人的这种归因活动被海德称为朴素心理学,与之相应,海德也被称为朴素的心理学家。海德认为事件的原因无外乎有两种:一是内因,如情绪、态度、人格、能力等;二是外因,如外界压力、天气、情境等。一般人在解释别人的行为时,倾向于性格归因;在解释自己的行为时,倾向于情景归因。

1972年,维纳(B. Weiner)在海德归因理论与阿特金森(J. W. Atkinson)的成就动机理论基础上,提出了自己的归因理论。维纳基本同意行为的原因分为内因和外因两种,他还提出一个新的维度,即把原因分为暂时的和稳定的两种。维纳认为,人们对行为成败原因的分析可归纳为以下六个原因。

- 能力,自己评估个人对该项工作是否胜任。
- 努力,个人反省检讨在工作过程中曾否尽力而为。
- 任务难度,凭个人经验判定该项任务的困难程度。
- 运气,个人自认为此次各种成败是否与运气有关。
- 身心状态,工作过程中个人当时身体及心情状况是否影响工作成效。
- 其他因素,个人自觉此次成败因素中,除上述五项外,尚有何其他事关人与事的影响因素(如别人帮助或评分不公等)。

实际上,各个理论流派的观点都有其先进性、合理性和适用性,但也都有局限性。于是,综合激励理论的代表者美国心理学家和管理学家波特和劳勒于1968年提出一个"综合激励模型"。

之所以说是综合激励模型,是因为该模型吸收了需要理论、期望理论和公平理论的成果,更为全面、更为完善。

## 2.3 激励理论的启示

通过对一系列激励理论的梳理,我们可以获得诸多启示,为我们进行通证化激励的设计和实践提供了依据和根本遵循。

### 2.3.1 引导需要而不是一味满足需要

根据马斯洛需要层次理论、ERG理论、成就激励理论的观点,人们的需要是分层次的,人们对不同层次需要的感受和追求不同。我们知道:低层次生存、安全的需要对人的影响力最大;越高级的需要对人的驱动力越强;当较高层次的需要得不到满足时,人们会倾向于退而求其次,寻求较低层次需要的满足;组织成员的满足感如果仅仅来自个人需要,不一定能带来好的绩效。这些结论给我们以下启示。

• 在组织管理实践中,不能只是一味地满足成员需要,而是要引导其需要。

• 要引导组织成员的满足感是来自于工作而非个人个性化的需要。

• 低层次需要应给予保障,不能轻易削减或消除。

• 要引导组织成员去追求成长、自我实现、成就获取等高层次需要而不是安于现状。

### 2.3.2 要做好保健与激励的平衡

双因素激励理论告诉我们,保健因素不会带给人满足感,只能降低不满;激励因素是真正具备激励效果的因素。这带给我们以下启示。

- 保健因素要确保绝大多数人能够得到,以降低其不满。
- 保健因素不能轻易被取消或降低。
- 激励因素只能是很少一部分人能够得到的。
- 激励因素是要变动的,不能固定不变,否则就会转化成保健因素。
- 尽量把保健因素转化成激励因素,而不是相反。

### 2.3.3 公平不是绝对的但要确保公平感

公平理论指出了公平性对人的积极性的影响。对一个组织的成员而言,能否获得公平待遇会直接产生绩效。但实际上,现实中并不存在绝对的公平,公平都是相对的。这为我们带来以下启示。

- 公平是对比出来的,幸福感是比较出来的。
- 不是追求绝对的公平,而是营造公平感。
- 人们比较的是付出而不是获得的时候,就会产生公平感。
- 激励实践中,要多对比组织成员的付出而不是对比他们获得的回报。

### 2.3.4 寄予厚望也是激励

期望理论指出,当人们确信自己能够达到某个目标,并且达到这个目标将能够对自己产生足够价值的时候,他们最终将会驱动自己实现这个目标。目标激励理论指出,明确且具有适当难度的目标对人具有激励作用。这为我们带来以下启示。

・要善于对组织成员提出期望,并使他们确信他们能达成期望。

・给组织成员设立的目标不能太高,因为无法达到的期望等于没有期望。

・目标的设计要明确,不能模糊不清。

・目标和期望实现后,要保障对其承诺的达到期望后的权益。

### 2.3.5 小颗粒、及时反馈非常重要

强化理论和归因理论告诉我们,对组织成员做出的行为,要及时地予以反馈,或是予以正强化,或是予以负强化,并将行为的结果进行明确的原因分析和反馈,这会影响人们的后续行为。这为我们带来以下启示。

・设立小颗粒目标,并对目标予以明确规定和表述。

・要对行为结果及时给予反馈的信号。

・及时反馈将能有效地激励组织成员明确方向、达成目标。

# 第 3 章
# 通证化激励及其设计应用

  区块链之所以为我们带来了新的大规模跨边界强协作工具和机制，源于其背后隐含的一个根本逻辑——代表可信价值的通证分配与流转所带来的激励效果。那么，这种激励效果到底是怎么发生的亦即背后的原理和机制是什么？更进一步我们能得出什么理念上的启示以及实践上的指导模型及方法工具体系？这套方法工具体系又是如何贯彻和继承已有的激励基础理论和指导原则的？本章我们就这些疑惑，提供一些解答。

## 3.1 什么是通证化激励

通证化激励是源于区块链的一种思想、理念和模式，也是一个用来激励人们更好地协作、更好地提升效率进而实现价值最大化的方法、工具和手段。我们可以广泛地将其应用于现有的组织人员管理实践中，以实现劳动生产效率、组织效率和个人效率的全面提升，因为这套方法工具体系很好地贯彻和继承了有关激励理论的理念原则和方法策略。

### 3.1.1 通证化激励的定义

通证化激励是全新的概念，它是基于区块链的技术特性和激励原理的启示衍生出的概念，由本书作者（通正道捷公司 CEO）最早提出，并带领通正道捷团队不断研究和实践，最终正式定义，并进行了模型化、工具化和实操化的设计和开发，最终形成了一套完整的理论方法和实践操作体系。

通证化激励是将区块链通证经济所蕴含的激励思想原理和机制应用于企业组织内部成员激励与管理的实践。所以，对通证化激励的定义，可以从通证经济和组织管理两个视角进行。

从通证经济的视角而言，通证化激励是综合利用通证经济学的激励原理，将组织成员的行为过程及结果进行通证化标示，构筑组织多阶、多维、多态的通证体系，实现激励的实时性、灵活性、精准性，从而有效提升个体效能与组织效益的方法和

## 第3章 通证化激励及其设计应用

工具体系。

在上述定义中，指出了通证化激励的基础、通证化激励的特点以及通证化激励的效果。

通证化激励的基础是将组织成员的行为过程和结果进行通证化。注意：这里进行通证化的对象包括两个层面，一个是人的行为，一个是人的行为达成的结果。这里的通证化指用价值符号通证从各个维度和各个层面对每一个行为和结果进行数值化表示，从而实现可衡量性和可流通性。

通证化激励的特点是实现激励的实时性、灵活性、精准性，从而使激励更具针对性，更能满足激励对象的需求，实现激励效果最大化。

通证化激励的效果是有效提升个体效能与组织效益。通证化激励是通过激发个体的原动力提升其个人效率，从而促进组织效率和最终效益的提升。

从组织管理的视角而言，通证化激励是在组织不多花钱的前提下，在多个维度（工作业绩、工作协作、忠诚度、业务创新、企业文化、价值观等）通过精准数值化方式使组织成员得到实时、公平激励的新方法，可以达到组织效益提升的作用，从而使组织获得业务增长、人均产能提升、人力成本下降、氛围和谐的多重好处。实际上，该定义主要是基于第一个定义，重点强调了通证化激励在组织中的操作方法和更为具体的效果。

## 3.1.2 通证化激励的基本介绍

明确了通证化激励的定义后,我们进一步剖析通证化激励的底层逻辑和核心理念,并构建提出通证化激励的基本模型。

1. 通证化激励的底层逻辑

通证化激励源于区块链以及通证经济带给我们的启示,无论是比特币网络、以太坊网络还是 EOS 网络,凡是通证经济的应用,都是基于通证构建一个协作网络。在这个协作网络中各个节点根据自己的算力"挖矿",从而获得相应的奖励回报——通证。这个过程既让个体为网络付出了劳动从而得以运转,又让个体因为劳动得到了应有的价值回馈。再加上一个可信的共识机制,比如"谁厉害谁先上"(谁的算力最大,谁获得记账权并获得通证回报)的共识,这个协作网络中的节点就能自发地、主动地、互助地开展工作,从而驱动整个网络持续又好又快地运行。

同样,我们可以把企业等组织看作一个协作网络,每个组织成员都是网络中的一个工作节点,通过贡献自己的工作行为(如同区块链网络中的"矿工"算力,这里可以称为工作算力),使整个协作网络价值增加(即更好、更快地产出更多的产品或服务,从而为客户创造使用价值,为企业换回商业价值)。在这个企业协作网络中,为了激励每一个工作节点(组织成员)贡献更多的工作算力,我们使用"功分"来量化并记录工作算力。基于功分,组织成员可以获得即时反馈,并获得功分排名奖励(即功分排名

## 第3章 通证化激励及其设计应用

越靠前,优先获得权益奖励,这类似于区块链中算力最优的"矿工"获得记账权并获得奖励)。同时,我们使用"天证"标示和认可员工多元价值及成就,使用"喜证"促进员工点对点协作价值。(功分、天证、喜证的定义及特性,下文将进一步阐释,这里暂不赘述。)

以上过程就是通证化激励的底层逻辑,它通过让组织成员直观认识到自己的行为和贡献被认可和奖励,从而促使组织成员付出更多的工作算力,提升整个协作网络的效率和效果,从而实现组织价值的不断增值。

2. 通证化激励的核心理念

根据我们对通证化激励的定义及其底层逻辑的介绍,不难看出其中所蕴含的核心理念,用简单的一句话概括就是:做贡献,得通证,享权益。

员工只要做出贡献,无论什么类型、多少数量,都可以按照获得广泛共识的规则获取代表贡献数值的不同性质和数量的通证;企业作为员工贡献的价值获得者,拿出资源设置各种类型和各种数量的权益,用于对员工的贡献进行奖励,而奖励的依据就是员工所持有的通证(或是根据通证的数值排名,或是根据通证的绝对数值)。

3. 通证化激励的基本模型

根据通证化的基本底层逻辑和核心理念,我们可以简化出通证化激励的基本模型,如图3-1所示。该模型的关系可以用一句话概括———分两证钩权献。

# 区块链之通证化激励与管理

**图 3-1 通证化激励的基本模型**

下面我们分别对图 3-1 所示的几个基本概念及"一分两证钩权献"做以详细说明。

（1）一分

一分指功分，是组织成员的工作算力证明，是组织内成员工作行为表现的数值化表示。功分具有以下一些基本特征。

・组织成员在工作中付出的工作算力越多，即做出的贡献越多，得到的功分就越多，而且永不封顶。

・如果组织成员没有达到组织期望的目标可以扣减功分，也就是说组织成员如果做出了对组织而言不是贡献而是损害的行为，则得到的是负分。

・功分的不断累积，是组织成员的工作量证明，它是与组织成员的个人账户严格绑定的，在其个人账户中以数值变化体现。

（2）两证

两证指喜证和天证。

喜证是点对点激励的工具，用于员工间协作激励的媒介。喜证具有以下一些基本特征。

・组织成员在相互协作时，可以相互发喜证，也就是说喜证可以在组织成员之间流转，而且不限次数。

## 第3章 通证化激励及其设计应用

·喜证有助于减小横向协作的摩擦力,润滑横向协作的关系。

·喜证可以增加组织成员之间点对点的交流和协作,提升了团队协作效能。

天证是对组织成员所做出的重大贡献及特殊情况的认可与奖励的权益凭证。天证具有以下一些基本特征。

·天证体现对组织成员符合组织导向的重大贡献的认可。

·天证体现对组织成员除了金钱之外的多维价值维度的认可,加强其存在感,因为组织成员并非只为金钱工作。

·天证具有物质权益和精神荣誉双重价值。

·允许组织成员自发设置一些体现个性化价值的天证,如"K哥天王",有利于提升组织成员对组织集体事务的参与感。

(3)钩权献

一分和两证一边挂钩组织成员的工作行为表现,体现组织成员的贡献;另一边挂钩组织成员能获得的权益,体现组织对成员的认可。

"钩"表示的是一种紧密但也灵活、动态的关系,"钩"也表示一种探取、牵引、激发之意。如何"钩"才能真正激发积极性和原动力,实现组织成员及组织整体价值及权益最大化,正是通证化激励设计的发力点所在。

"权"即权益,指组织以成员所持有的通证(一分两证)为依据给予其的权益奖励,既包括物质性权益和精神性权益,也包括有形权益和无形权益。需要注意的是,单个功分并不能直接对应任何权益,而是以其数量在一定范围内的排名获得相应的权益奖励;而喜证和天证,每获得一个,都会对应着相应的价值,都可以通过一定方式获得相应权益。具体权益挂钩的细则,本书第4章将会详细阐述,这里暂不赘述。

"献"即贡献,指有利于组织目标价值的正向行为与有损于组织目标的负向行为抵扣之后的净价值。

4. 通证化激励的三大抓手

在通证化激励体系中,功分、喜证和天证是实施通证化激励的三大抓手,如表3-1所示。

表3-1 通证化激励的三大抓手

| 抓手名称 | 定 义 | 作 用 |
| --- | --- | --- |
| 功分 | 组织成员的工作算力证明 | 从数值上记录组织成员的贡献,决定排名奖励的发放,用于对员工工作表现实时给予反馈信号,表达管理者意愿 |
| 喜证 | 点对点的激励工具,用于组织成员之间协作激励的媒介 | 组织成员之间的相互认可工具,降低横向沟通协作的摩擦 |
| 天证 | 天证是对重大及特殊情况认可与奖励的权益凭证 | 体现对组织成员多维价值的认可,代表一定的权益和无上的荣誉 |

## 3.2 通证化激励体系的设计与应用

在明确了通证化激励的基本原理、理念和模型之后,我们需要进一步搞清楚的问题是,"一分两证"(功分、天证、喜证)的具体发行、获取以及应用的详细方法规则和辅助工具。

第 3 章 通证化激励及其设计应用

## 3.2.1 功分的设计与应用

在通证化激励体系中，功分被定义为组织成员的工作算力证明，是组织内成员工作行为表现的数值化表示。换句话说，就是将组织成员的行为按照某种颗粒度进行赋值，赋值用功分这个名称来指代。功分的数值代表着一个人在一定范围的团队内的累积行为的工作量的位置，即是靠前的、靠后的，还是和平均值差不多的。

通常情况下，组织成员做出符合组织要求和期望的行为、结果时，可以获得奖励功分，即给予加分；反之，组织成员做出不符合或损害组织要求和期望的行为、结果时，应当扣减功分，即给予其一个负值。

在通证化激励体系中，将会设计开发一个支撑该体系运行的信息化系统，我们称之为通证 SAAS 平台。在本书附录部分，我们将会对该平台的基本业务逻辑和设计示例进行介绍，这里暂不赘述。在通证 SAAS 平台中，每个组织成员都有自己的账户，功分就会表现在组织成员的个人账户上，以数字的增减来体现，如图 3-2 所示。

图 3-2 个人账户中的功分
（示意图，仅供参考）

## 1. 功分的类型

在通证化激励体系中,功分包括固定功分、制度功分和浮动功分,分别用于对员工的不同类型的能力及行为进行标示和认可。

### (1) 固定功分

固定功分用于对组织成员个人综合素质和能力的肯定和认可,只有奖分,没有扣分。也就是说,固定功分是对组织成员固有的素质和能力的奖励,只有认可的强度大小的问题,即能力素质高的给予高认可,能力素质相对较低的给予相适应的认可。所以,固定功分不存在扣减的情况。

同时,固定功分项目必须是有明确条件和周期的项目,包括周期性奖分和一次性奖分。所谓周期性奖分,就是按照某个固定周期进行循环奖分,比如对拥有本科学历的人每个月都加100功分;一次性奖分,就是只奖一次,比如,对新入职的成员一次性奖励1000功分作为基础功分。对于固定功分而言,加分标准要清晰,结果可验证,一般都要有证书等证明材料。

### (2) 浮动功分

浮动功分用于对组织成员的行为表现做出实时反馈,有奖分也有扣分,这部分功分数量根据组织成员表现动态变化,所以叫作浮动功分。

在通证化激励体系中,组织成员完成本职工作(岗位职责规定的工作和直系领导指派的工作)或参与协作完成本职外的工作,可以获得功分奖励;组织成员未达到本职工作标准或未

## 第3章 通证化激励及其设计应用

达到管理者指派的工作目标，将被扣分；协作性工作未达标原则上不扣分。

同时，管理者可以动态地对组织成员的表现用功分进行反馈，组织成员做出其他任何符合管理者期望和意愿的行为可以获得奖分，做出违背管理者意愿或期望的行为，则将被扣分。因为奖分和扣分针对的是组织成员的工作行为，所以，浮动功分也可以被视为是上级管理者对组织成员发出的鼓励或抑制信号。

（3）制度功分

制度功分是由组织在全局层面制订的规章制度所规定的全员适用的奖、扣分项目，有奖分也有扣分。

制度功分主要是用于维护组织价、使、愿以及管理秩序的工具，即用于维护组织的相关制度得以贯彻和执行。当制度规定的项目一旦被触发时，则按制度规定的统一标准，即时给予一次性奖分或扣分。例如，考勤制度规定，每迟到一次，扣减5个功分，那么某个成员某一次迟到时，即触发该规定，自己的功分账户里就会被扣减5个功分。

制度功分的具体项目由组织根据自身情况设定，可以根据需要增加或减少。

2. 功分的奖、扣分项目及标准

（1）固定功分的奖分项目及标准

根据我们对固定功分的定义，固定功分的奖分项目可以包括周期性固定功分项目和一次性固定功分项目。

区块链之通证化激励与管理

1）周期性固定功分项目

周期性固定功分项目是按照一个固定周期（如按每月）循环奖分的项目，组织可以根据其自身价值及目标导向灵活设置。

下面我们提供一个周期性固定功分项目设置的例子，来说明周期性固定功分设置的过程，如表 3-2 所示。

表 3-2 周期性固定功分项目设置表（参考）

| 序号 | 加分项目 | 等级/类别 | 分值 | 触发条件 |
|---|---|---|---|---|
| 说明 | 填入企业要认可的项目 | 子等级，或同一项目的不同类别 | 根据重要性、价值等设置 | 审核所需的材料 |
| 1 | 员工级别 | 普通员工 | 20 | 根据职位不同，每月固定获得功分 |
| | | 基层管理人员 | 30 | |
| | | 中层管理人员 | 50 | |
| | | 高层管理人员 | 100 | |
| 2 | 学历 | 大专 | 20 | 需提供学历及学位证书 |
| | | 本科 | 40 | |
| | | 硕士 | 60 | |
| | | 博士 | 100 | |
| 3 | 职称 | 初级职称 | 20 | 提供职称考试成绩证明或相关证书 |
| | | 中级职称 | 40 | |
| | | 高级职称 | 100 | |
| 4 | 从业资格 | 证券/基金从业资格 | 20 | 提供证书 |
| 5 | 执业资格 | CPA | 100 | 提供证明材料或证书 |
| | | CFA | 120 | 提供证明材料或证书 |
| | | 司法考试 | 100 | 提供考试合格成绩单 |
| 6 | 技能&特长 | 驾照 | 10 | 上传 C1 以上驾照照片 |
| | | 英语 | 20 | 6 级以上考试通过成绩 |
| 7 | 其他 | | | |

【注意】①以上内容仅是参考性示例，具体项目的内容、分值由具体组织自行根据实际情况设置。②在第 5 章中，我们将会详细介绍周期性固定功分项目设置的原则。

## 第3章 通证化激励及其设计应用

2）一次性固定功分项目

一次性固定功分项目是在启动通证化激励体系时一次性给予的奖分，一般包括启动基础功分和工龄功分。注意，该类项目只在导入通证化激励体系时奖励1次，如表3-3所示。

表3-3 一次性固定功分项目设置表（参考）

| 序号 | 项目 | 说明 | 分值标准 标准 | 分值 |
|---|---|---|---|---|
| 1 | 启动基础功分 | 所有员工建档时拥有的分值 | — — — | 2000 |
| 2 | 企业内工龄功分 | 按照员工工龄，每个人得出一个分值 | 每满一年 | 500 |

【注意】①以上内容仅是参考性示例，具体项目内容、分值由具体组织自行根据实际情况设置。②在启动基础功分项，通证SAAS平台支持根据不同员工级别设置不同的分值，但我们建议所有员工采用相同分值。③在第5章中，我们将会详细介绍一次性固定功分项目设置的原则。

（2）浮动功分的奖扣项目及标准

在通证化激励体系中，浮动功分的奖扣项目主要包括：本职工作奖扣项目（岗位职责规定的工作和直系领导指派的工作）、非本职工作奖扣项目（跨部门或跨岗位协同的工作）以及管理者临时表达管理意愿的临时管理意愿奖扣项目。

1）本职工作奖扣项目

根据组织成员本岗位对工作内容范围内的工作指标以及直系管理者指派任务的完成情况，给予功分奖扣。按要求完成的工作给予奖分，未完成的则给予扣分。

下面我们提供一个本职工作奖扣项目设置的例子，来说明浮动功分中本职工作奖扣项目设置的过程，如表3-4所示。

表3-4 本职工作奖扣项目设置表（参考）

| 序号 | 岗位 | 工作内容 | 奖分 | 扣分 |
|---|---|---|---|---|
| 说明 | 每个岗位的名称 | 该岗位的常规工作内容、考核标准、考核目标 | 完成工作加××分 | 未完成工作扣××分 |
| 1 | 运营专员 | 每天完成一条公众号 | 20/日 | |
| | | 每月完成10个以上相关媒体的合作 | 30/次 | |
| | | 完成每日数据提报 | | 5/日 |
| | | 每周一篇原创文章 | 50/次 | |
| | | 领导交办的其他工作（根据领导权限） | 1~30/次 | |
| 2 | 销售专员 | … | | |

【注意】①以上内容仅是参考性示例，具体项目内容、分值由具体组织自行根据实际情况设置。②岗位职责内的奖扣标准，需要组织在全局上作为一个整体来制订，标准统一，防止某个部门给自己的工作制订过高的功分权限。不同部门的不同岗位，其工作内容的价值不同，所以不同岗位的工作内容在完成度相同的条件下，得到不同的功分，即价值更大的岗位完成工作获得更高功分是合理的。③即便不同部门确定的对于相同表现的功分标准不一致，在功分应用时由于其被限定在本部门内进行排名使用，所以不会影响公平问题。

需要强调的是，在对每个组织成员的本职工作设置颗粒度进行功分赋值时，经常会遇到许多工作内容难以量化的问题，这就需要综合使用一些量化管理工具和方法，如格里波特四分法进行工作的量化。

2）非本职工作奖扣项目

非本职工作一般指临时发生或紧急发生的跨部门或部门内不

## 第3章 通证化激励及其设计应用

同岗位的协作项目,属于组织成员在本职工作之外额外付出的行为。该类项目一般原则上只奖分不扣分。

非本职工作奖分标准由任务发起方根据任务量以及个人奖扣分权限(下文会详细介绍什么是奖扣分权限)确定。需要注意的是,平级职位上的成员不能相互奖扣功分,平级协作可相互发放"喜证"润滑协作关系,后文再叙。

下面我们提供一个非本职工作奖扣项目设置的例子,来说明浮动功分中非本职工作奖扣项目设置的过程,如表3-5所示。

表3-5 非本职工作奖扣项目设置表(参考)

| 序号 | 项目内容 | 发起部门/发起人 | 协作部门/协作人 | 奖分 | 操作 |
|---|---|---|---|---|---|
| 说明 | 填写双方共同完成的工作内容和达成结果 | 需要别人配合的部门及员工 | 配合完成工作的部门及员工 | 根据发起人权限 | 由谁发放<br>由谁审核<br>向谁报备<br>谁应知晓 |
| 1 | 由于新项目发起比较紧急,销售部王经理要求财务部指派小李协助其部门在周五下班后,加班完成订单盖章、开发票和打款,以满足上下游客户在周末推进项目 | 销售部<br>王×× | 财务部<br>李×× | 根据王经理权限,可向协作人发放积分为0~30分<br>协作人30 | 王经理申请发放<br>监察部审核<br>报备<br>财务部经理知晓 |
| 2 | 公司临时组成项目组,完成某客户的售后要求,由客服部小赵牵头,会同技术部和销售部的同事在周日上门为客户服务,并顺利完成。由于此三人为平级,所以需要申请由部门经理根据权限发放 | 客服部<br>赵×× | 技术部<br>张××<br>销售部<br>刘×× | 牵头人30<br>协作人20 | 小赵向技术部和销售部的经理发起申请<br>监察部审核并告知部门经理<br>部门经理审核并发放 |

123

3）临时管理意愿奖扣项目

管理者根据实际情境中的具体情况，为表达其管理意愿，超越所有现有规定依据自己的奖扣权限，做出奖分或扣分。该类项目可以是对涉及工作行为、制度功分项目的重复奖扣，也可以是对涉及公序良俗、公共道德等行为的奖扣。

临时管理意愿奖扣项目标准根据管理者的奖扣权限确定，如果觉得自身奖扣权限不够，可以向上级申请，请具有更大管理权限的管理者实施更大幅度的奖扣。

管理者奖扣权限指根据管理者的管理等级不同，给予其不同的奖扣功分的权限，该权限规定了某等级管理者单次就某个事件能够奖扣的功分分值范围以及其在一个周期内的奖扣任务。该权限用于对具体已经规定了奖扣标准行为之外的情况进行处置。

下面我们提供一个管理者奖扣权限设置的例子，来说明管理者奖扣权限设置的过程，如表 3-6 所示。

表 3-6 管理者奖扣权限设置表（参考）

| 管理等级 | 单次奖分额度 | 单次扣分额度 | 奖扣任务 |
| --- | --- | --- | --- |
| 企业按需求划分，名称自设 | 对加分额度进行设定 | 对扣分额度进行设定 | 奖扣次数目标<br>奖扣额度目标<br>奖扣比例 |
| 第一级 | 0 ~ 1000 | 0 ~ 1000 | 平均奖励100分/人/周<br>奖扣10：1 |
| 第二级 | 0 ~ 70 | 0 ~ 70 | 每日3次起<br>平均奖励70分/人/周<br>奖扣10：1 |

续表

| 管理等级 | 单次奖分额度 | 单次扣分额度 | 奖扣任务 |
|---|---|---|---|
| 第三级 | 0~40 | 0~40 | 每日3次起<br>平均奖励40分/人/周<br>奖扣10:1 |
| 第四级 | 0~20 | 0~20 | 每日3次起<br>平均奖励20分/人/周<br>奖扣10:1 |

【注意】以上内容仅是参考性示例,具体等级名称、奖扣权限、任务标准由具体组织自行根据实际情况设置。

(3)制度功分的奖扣项目及标准

制度功分的项目可以根据公司实际情况制订,可以包括考勤类,如迟到、请假、旷工;普适的员工日常行为规范类,如爱护公物、文明礼貌等行为;特殊贡献类,如获得专利、科研成果、发表论文等,流程优化,工艺改进,入职时带来了大客户;文化福利类,如结婚、生子、生日。

下面我们提供一个制度功分项目设置的例子,来说明制度功分项目设置的过程,如表3-7所示。

表3-7 制度功分项目设置表(参考)

| 序号 | 项目 | 触发条件/类别 | 奖分 | 扣分 |
|---|---|---|---|---|
| 说明 | 制度内员工行为 | 行为本身的规范和要求<br>达到规定时的奖分和扣分标准 | ××分 | ××分 |
| 1 | 迟到 | 15分钟以内扣分一次,每超15分钟加扣一次 |  | 每次扣2分 |
| 2 | 旷工 | 超过2小时算半天,超过5小时算全天 |  | 每次扣5~10分 |
| 3 | 加班 | 18:00~24:00;24:00~07:00 | 10~20 |  |

125

续表

| 序号 | 项目 | 触发条件/类别 | 奖分 | 扣分 |
|---|---|---|---|---|
| 4 | 上班玩游戏 | 第一次触发 | | 20 |
| | | 第二次触发 | | 40 |
| 5 | 虚报发票 | 金额范围在 100~500 元 | | 500~1000 |
| | | 金额范围在 500 元以上 | | 2000~10000 |
| 6 | 私下接单 | 在本企业可以接单的前提下私自拉活 | | 50000 |
| 7 | 结婚 | 头婚 | 500 | |
| 8 | | 再婚 | 100 | |
| 9 | 生子 | 女儿 | 600 | |
| 10 | | 儿子 | 500 | |
| | … | | | |

【注意】①以上内容仅是参考性示例，具体项目内容、分值由具体组织自行根据实际情况设置。②制度功分项目可以源自组织已有的各类制度的规定。

3. 功分的奖扣操作

功分由谁来执行奖扣操作？按什么流程和方式进行操作？这两个问题是接下来要介绍的内容。

（1）固定功分的操作

1）操作流程

固定功分操作一般遵循以下流程。

第一步：决策层设置确定固定功分项目及对应的审核要求。

第二步：设置项目对应的分值和周期。

第三步：决策层把设置好的规则交付给通证 SAAS 平台系统管理员。

第3章　通证化激励及其设计应用

第四步：管理员把规则部署到系统中。

第五步：组织成员提交固定功分项目相关凭证资料。

第六步：系统审核。

第七步：反馈结果，通过则继续，不通过则回到第五步。

第八步：如果是周期性固定功分，则系统自动按周期将固定功分按规则发放到组织成员的个人账户，否则按审核通过时间一次发放。

2）操作主体

固定功分由一个组织的人力资源部门或通证化激励执行部/负责人按组织制订好的标准，部署进入通证SAAS系统平台，由系统自动完成。所以，其操作主体是系统。

3）操作原则及注意事项

在应用固定功分时，应该遵循和注意以下一些原则和事项。

• 固定功分主要体现对员工基础素质和能力（知识、技能、拥有的特长）的认可，认可能加强员工自信、积极性和存在感。

• 固定功分只奖不扣，只有奖分强度的差别，没有扣分。

• 固定功分在个人总功分得分的比例上应处于辅助地位，总体不超过所有功分总额的10%。

• 固定功分项目和标准可以根据实际需要动态调整。

（2）浮动功分的操作

1）操作流程

浮动功分的操作一般遵循以下步骤。

第一步：直系上级确定下属成员的工作职责范围，如果是有明确标准的工作内容，由上级管理者根据工作内容制订规则并录入系统，依靠固定标准完成对应的加分和扣分。

第二步：在组织成员职责范围内，没有固定标准的工作，需要依靠直系上级管理者在权限内自主决定奖扣功分数量。

第三步：由直系上级管理者自主执行浮动功分奖扣操作，根据行为进行奖惩，并实时录入通证SAAS系统平台。

第四步：系统实时更新组织成员的功分结果。

2）操作主体

浮动功分的奖扣都是由比被奖扣对象具有更高管理等级的管理者做出奖扣决策，所以其操作主体是各级管理人员。

3）操作原则及注意事项

在应用浮动功分时，应该遵循和注意以下一些原则和事项。

• 浮动功分没有奖扣总量限制，也就是说每个成员可以获得的功分没有上限，只要做出相应行为，就可以累加。

• 浮动功分是表达管理意愿的工具，可对同一行为重复奖扣。例如，下属成员某件工作超出预期，除了按工作职责标准给予奖分，管理者还可以根据自己的奖扣权限给予额外奖分。

• 浮动功分要实时奖扣，现场即时给出反馈，这样能够起到更好的引导、激励效果。

• 奖分为主，扣分为辅，要有奖有扣。

• 管理者要有浮动功分的奖扣任务，没有完成奖扣任务，要

### 第3章 通证化激励及其设计应用

扣管理者的功分。

• 浮动功分的奖扣数量，有明确标准的按规定的标准奖扣，没标准的由管理者按其奖扣分权限进行奖扣。

• 奖分看组织成员管理等级，高管理等级成员可以向下奖分，低管理等级成员不可以向上奖分。例如，某企业划定员工管理等级为1~4级，1级最高，那么被归到1级岗位的员工可以对2、3、4级员工进行功分奖励，可以跨部门奖分。

• 扣分看职位关系，只有直属领导及直系一线的上级管理者（即对某成员有管理权限的管理者）才能向下扣分。例如，在一个企业组织中，某员工为销售部员工，那么能够对他进行扣分的，只有销售部主管、销售部经理，以及销售总监等向上的直系管理者。同时分管多个部门的高级管理人员，可以同时对多个部门的员工进行奖分和扣分。例如，营销总监同时直管销售部和市场部，那么他可以同时对两个部门的员工进行奖扣分，如图3-3所示。

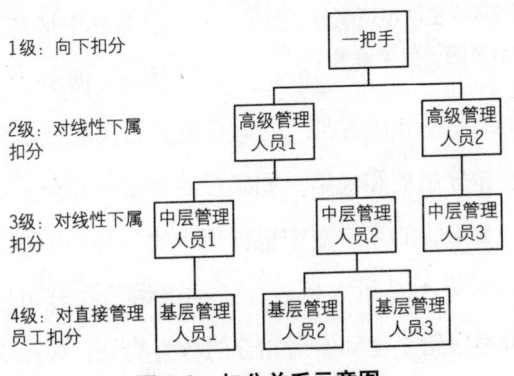

图3-3 扣分关系示意图

- 在一些组织中，如企业组织中，企业总裁等实权管理角色，有权对公司内部的所有员工奖扣分。

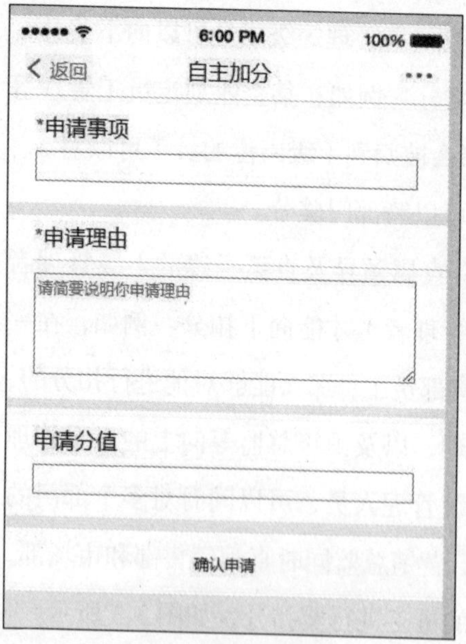

- 主动申请的奖分处理：如果某组织成员做出了组织和管理者认可的行为，但行为发生的现场没有比其等级高的管理者，在有相关人证和物证的前提下，可以自主在通证SAAS系统平台的客户端里申请加分，申请加分的额度为其直系管理者的额度。如果贡献特别重大，可由直系管理者向上为其申请特殊奖励，如图3-4所示。

图3-4  主动申请奖分
（示意图，仅供参考）

- 主动申请的扣分处理：组织成员因为失职或疏忽等非主观因素触犯了扣分制度和规定，如果没有被实时扣分，可以自觉地在通证SAAS系统的客户端中根据规定的扣分额度申请扣分，并附加理由。如果不是重大事故，主动申请的扣分可以做打折处理；同时可考虑给予主动申请扣分的行为奖分，如图3-5所示。

- 超出权限的奖扣分情况：如果低等级的成员发现了高等级

## 第3章　通证化激励及其设计应用

成员有关功分制度的正面或负面行为，或者同级之间发现了相关行为，如果有确凿的人证和物证，可以申请当事人的直系上级管理者进行奖分和扣分。

• 浮动功分标准和管理者权限标准，可以根据组织运行的实际，每半年或一年进行动态调整。

（3）制度功分的操作

1）操作流程

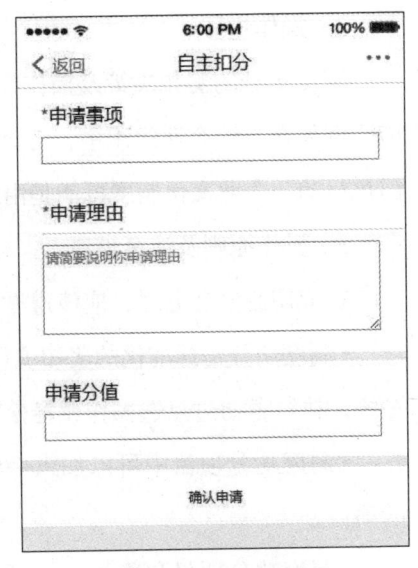

图 3-5　主动申请扣分
（示意图，仅供参考）

制度功分的操作一般遵循以下步骤。

第一步：决策层根据组织的各类制度，梳理并设置确定制度功分项目及奖扣标准。

第二步：决策层将设置好的规则交付给通证 SAAS 平台系统管理员。

第三步：管理员把规则部署到系统中。

第四步：各制度执行者执行制度规定的奖扣操作。

第五步：触发制度功分项目的成员，其功分账户实时显示被奖扣的制度功分情况。

2）操作主体

制度功分的奖扣决策及操作，由各制度规定的制度执行者实施。例如在一个企业组织中，考勤制度规定可能是由人力资源部门执行的，企业文化制度可能是由管理者执行的。

3）操作原则及注意事项

在应用制度功分时，应该遵循和注意以下一些原则和事项。

•制度功分是标准化的奖扣项目，可以提前部署到通证SAAS系统，执行者通过点选操作就轻松完成操作。

•制度功分项目中可以加入一些体现企业的文化价值观导向的项目。

•制度功分项目和奖扣标准可以根据企业需要每半年或一年进行动态调整。

4. 功分的应用

（1）应用一：排名奖励

在通证化激励体系中，一个人的功分的数值是和他可以获取的权益挂钩的，但这种挂钩不是绝对的1个功分兑换多少价值的权益，而是通过对功分在不同维度和条件下进行排名，以此为依据，决定一个成员是否能获得奖励，以及获得什么级别的奖励。

通常，对功分可以从排名维度和排名条件两个角度进行排名。

•排名维度：月度、季度、年度、长期累积、部门、公司、职级、随机，等等。

•排名条件：前10名，前3名，前10%，等等。

## 第 3 章 通证化激励及其设计应用

举例如下。

- 各部门 9 月份在本部门功分排名前 3 的员工。
- 2019 年 1 季度排名前 5 的中国共产党党员。
- 截至目前功分最高的员工。
- 截至目前功分第一个达到 10 万分的员工。
- 本周功分达到 8000 以上的排名前 20 的有孩子的女员工。

对某个组织成员的一定周期内的功分在一定范围内按照某种条件进行排名,可以用于决定该成员可以获得的对应权益。

这里的权益主要指组织成员可以获得的利益、权限或实惠,一般包括以下一些类别的权益。

- 实物性权益,如购物卡、米面油、围巾、洗护用品。
- 权利性权益,如允许每周迟到 1 次、不打卡 1 周、优先竞聘管理岗。
- 享受性权益,如旅游、配置高级人体工程座椅、按摩服务。
- 趣味性权益,如主管为其炒一盘专享菜、和"司花"共进午餐。
- 财富性权益,如奖金、加薪、理财保险、购车购房补贴、配发干股。

下面我们通过一个功分排名权益设置的例子,来说明设置功分排名权益的过程,如表 3-8 所示。

表 3-8 功分排名权益设置表（参考）

| 排名周期 | 排名范围 | 奖励条件 | 奖励内容 |
| --- | --- | --- | --- |
| 选定时间范围 | 选定员工范围 | 企业根据规则自己定义 | 根据企业预算提前制订，防止超标 |
| 月度排名奖励 | 公司<br>部门<br>小组<br>项目组 | 没有违反企业制度<br>完成了当月考核任务<br>功分排名前 × 名 | 日用品<br>购物卡<br>米面粮油 |
| 季度排名权益 | 公司<br>部门<br>小组<br>项目组 | 没有违反企业制度<br>完成季度考核任务<br>功分排名前 × 名 | 季度奖金<br>手机<br>省内游 |
| 年度排名权益 | 公司<br>部门<br>小组<br>项目组 | 没有违反企业制度<br>完成年度考核任务<br>功分排名前 × 名 | 年终奖<br>电脑<br>出国游<br>涨工资 |
| 长期排名权益 | 公司<br>部门<br>小组<br>项目组 | 工作时间满 × 年<br>功分排名前 × 名 | 保险理财<br>购车补贴<br>购房补贴 |
| 随机奖励 | 公司<br>部门<br>小组<br>项目组 | 随机维度（女员工、单身员工）<br>功分排名前 × 名 | 围巾<br>剃须刀 |

【注意】以上内容仅是参考性示例，具体实践中由具体组织自行根据实际情况设置。

为了使功分的应用对组织成员更具有激励性，基于各种激励理论的指导思想，我们建议在设置挂钩功分排名的权益时，要遵循和注意以下一些原则和事项。

• 具体挂钩什么权益以及权益价值，依组织的预算定，以既能激励员工积极性，又不增加组织额外成本为原则。

### 第 3 章　通证化激励及其设计应用

•初期与功分排名挂钩的权益，应主要是福利部分，不宜将薪资、奖金等一下全部与功分挂钩。否则，会让组织成员感到失去保障因素，反而会起到负激励的作用。

•功分排名的奖励力度，随着时间及组织实力的发展，应逐渐加大。

•权益的内容应与组织成员的需求和兴趣匹配，多从被激励对象的角度考虑权益内容。

•不同功分等级的权益要体现差异，能引起竞争心理。

•根据功分排名的权益享受范围通常应是少数人才可以获得的，这样有利于将这些权益价值转化成激励因素。

•权益的大小要灵活，能引起组织成员期待、以小博大等心理。

除了设定功分的排名方式及权益的内容，功分排名奖励的操作过程，也十分重要，这直接关系到激励效果的发挥。一般情况下，功分排名的奖励操作要遵循和注意以下一些原则和事项。

•功分可以累积使用，永不清零，也就是说某时获得的一个功分，可以参与本周的累计值排名，也可以参与本月、本季度及本年的累计值排名，甚至是若干年的累计值排名，只要成员还在组织中，这个累计分值就永远有效。

•基于功分获取的权益，要在乐透会（乐透会是通证化激励效果展示与放大的承载平台，后文会详细叙述，这里暂不赘述）上在全员面前公开宣传、表彰、发放，以增强激励的可见性和公平性。

- 奖励项目、奖励频率、奖励力度，没有固定标准，可以基于管理者意愿灵活设置，最好可以给予被激励对象期待感，不要被认为是固定的动作，从而使这些项目沦为保健因素，削弱激励的效果。

- 基于功分的权益设计，是发挥功分效用的关键所在，权益设计是否对被激励对象有重要性、有公平感和期待感，决定了激励的效果。

- 权益的内容不要局限于物质性权益，还要致力于引导被激励对象满足更高层次的需要，如自我成长、成就感等，这样的激励效果更佳。

（2）应用二：获取喜证

在通证化激励体系中，功分还被用于决定具有点对点激励功能的喜证的发放数量和发放策略，与每个成员当月功分总量相关（具体在喜证的设计与应用章节中将会详细介绍，这里暂不赘述）。

### 3.2.2 喜证的设计与应用

根据前文我们对喜证的定义，在通证化激励体系中，喜证是点对点的激励工具，用于组织成员间协作激励的媒介。喜证有助于减小横向协作的摩擦力，润滑横向协作的关系，增加员工横向沟通机会。可以理解喜证就是组织成员之间的"感恩卡"，起到成员之间相互认可和赞赏的作用。喜证的使用，有利于改善组织成员之间的关系，打破组织内部门之间的部门墙，增强协同合作

## 第3章 通证化激励及其设计应用

的价值。

功分只能自上而下发放,喜证则是平级之间的赠予和流通,也可以自下而上赠予,这比功分具有更灵活的操作性;功分一旦获取之后就不能再进行流转,而喜证在初次从通证 SAAS 系统获取之后,还可以进行点对点的流通;喜证挂钩权益的方式与功分也不同,功分是根据排名获得权益,而每一个喜证都具有具体的价值,每增加一个喜证,就相当于增加了一份权益。

除了用于组织成员之间的认可和感恩的精神激励外,喜证还可用来参与乐透会抽奖,或竞拍公司提供的各种物品,获得一定程度的物质或非物质奖励。

组织成员通过喜证可以增加横向的交流和协作,增进彼此之间的关系,比吃饭唱歌的团建效果更好。这样,组织可以减少集体团建的次数,把这些预算用于喜证的权益兑现,在没有增加成本的前提下增加了团队的协作效能。

1. 喜证发放规则及数量

喜证的发放以组织内基层主管及其下辖成员为主,根据成员的管理等级和当月功分在本部门内的排名区间,确定每个成员所获得的喜证数量。即不同的管理等级对应不同的数量,且具有功分获取资格的人在不同的功分排名区间(本部门内)也对应不同的数量,两个数量相加,即为某个成员本期最终获得喜证的数量。

喜证主要发放给基层主管及其下辖的普通成员。中高层及以上管理者因为已经有了功分作为激励手段,所以不建议参与喜证的初次发放,但可以通过协助其他同事,获得喜证和参与喜证的流通过程。

根据上述规则,在初次发放喜证时,需要设置两个维度的参数,即各管理等级对应的喜证数量和每个功分排名区间对应的喜证数量。

各管理等级对应的喜证数量的设置可以参考表3-9。

表3-9 各管理等级对应的喜证数量设置(参考)

| 成员管理等级 | 每月喜证数量 | 说明 |
| --- | --- | --- |
| 第一级 | 0 | 高层 |
| 第二级 | 0 | 中高层 |
| 第三级 | 15 | 基层主管 |
| 第四级 | 20 | 普通成员 |

【注意】以上表格中的等级名称、数值等仅为参考示例,具体组织在具体实施时要根据自身情况进行设置。

每个功分排名区间对应的喜证数量设置可以参考表3-10。

表3-10 功分排名区间对应的喜证数量设置(参考)

| 功分排名区间 | 每月喜证数量 |
| --- | --- |
| 前20% | 20 |
| 前50%~前20% | 15 |
| 前80%~前50% | 10 |
| 后20% | 5 |

【注意】以上排名区间指具有功分获取资格的人在本部门内的功分排名区间。

2. 喜证发放原则

在通证化激励体系中,组织定期会向每个组织成员按规定的规则进行喜证的初次发放,通常在初次发放时,需要遵循以下原则。

• 管理等级越低的岗位的成员,可以获得越多的喜证,反之越少,例如,某个企业的员工每月30个,经理(基层)每月20个。员工缺乏功分发放权限,所以建议多发给员工喜证,增加其对外激励手段,管理人员可以横向使用功分,所以可以少发。

• 当月功分排名区间(本部门内)越靠前的人,可以获得的喜证越多,反之越少。例如,排名前30%的每月可获得30个,中间的40%可以获得20个,最后的30%每月获得10个。

• 喜证的发放数量,要根据企业实际需求和预算确定,不宜超发而显得其廉价,也不能发得太少,使得其流动性不足,失去了设置的初衷。

• 喜证的有效期为发放的当年,超出时限不使用以获取权益则自动被销毁。

• 喜证的初次发放和销毁,通证SAAS系统按照设定规则能够自动操作。

3. 喜证的应用

在通证化激励体系中,组织成员获得初次发放的喜证之后,可以用于流通,以获取别人的协作帮助,也可以用于兑换相应的权益。

(1)喜证的流通

喜证的流通主要遵循以下几个原则。

- 喜证只能在发行该喜证的组织内部流通使用,外部流通无效。
- 喜证没有流通次数限制,喜证可以多次在不同成员之间流通。
- 喜证用于组织成员之间点对点的流通,可以由下级向上级流转,但对于中高层以上的管理者,获取的喜证仅表示其他成员对其的感恩,仅表示精神激励的意义,不能用于兑换组织提供的任何权益。
- 原则上,喜证由一个人发给另一个人时,应标明理由(发生了什么协作事项),该操作可以在通证 SAAS 系统平台的客户端中实现,如图 3-6 所示。

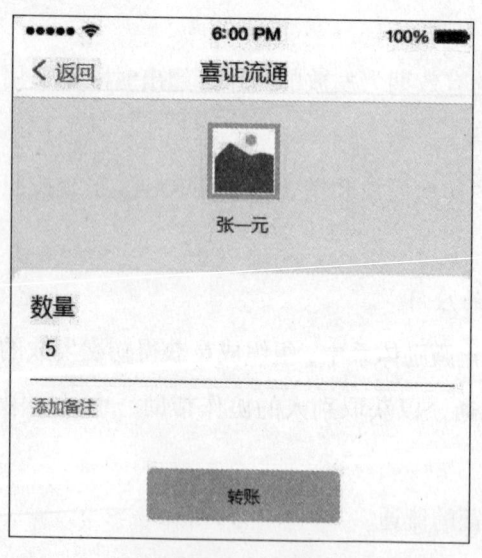

图 3-6　喜证流转操作(示意图,仅供参考)

## 第3章 通证化激励及其设计应用

•喜证可视为对为自己提供协助的人进行打赏，具体打赏数量由协作双方自行约定。

（2）喜证的权益内容设置

喜证可用于乐透会抽奖，或竞拍组织提供的奖励。建议至少每月提供一次权益获取的机会，可以是开乐透会，用喜证参与抽奖，或竞拍一些组织成员感兴趣的物品、资格或权利。

用于喜证竞拍或抽奖的权益内容，可以参考功分排名奖励的权益内容类型。

用于与喜证挂钩的权益内容设置，一般要遵循以下原则进行设置。

•权益的内容和数量要根据组织的预算来制订。

•权益的内容和数量每月可以不同，以制造成员对权益内容的期待。

•不给喜证设置刚性兑换价格，不可兑成现金，只能用于竞拍或抽奖。

•用于抽奖的或竞拍的物品、权利、资质等，对于被激励对象应该有针对性、稀缺性等特点。

•与喜证挂钩的权益内容设置可以继承与功分排名挂钩权益内容设置的原则。

（3）喜证挂钩的权益获取

在通证化激励体系中，组织成员在使用自己所拥有的喜证进行权益兑换时，可以通过抽奖和竞拍两种方式进行。

・抽奖：组织成员可以选择使用自己的喜证抽取任何一期的奖品，即某一个成员无须必须参与每期的权益抽奖。

・竞拍：喜证可以用于竞拍物品、权利、资质，通过竞拍的方式，能让参与竞拍者有一种参与竞争的成就感，激励效果十分明显。

根据上述喜证权益的获取方式，喜证权益的获取一般遵循以下流程。

・每月奖品预算。

・采购并设置权益内容。

・公布奖品价格及获取方式（抽奖或竞拍）。

・成交并记录结果。

・领取奖品，回收喜证。

需要指出的是，以上过程可以通过在线的SAAS系统平台实施，如图3-7所示，也可以在线下乐透会上组织实施，具体可以根据组织的实际，灵活操作。一般而言，采用线下的方式，会更具仪式感，更能烘托出喜悦欢乐的氛围，增加更深切的感知度，还能消除人

图3-7 用喜证抽奖
（示意图，仅供参考）

第 3 章　通证化激励及其设计应用

们对线上系统程序设置作弊后门的疑虑，从而能够提升激励的可见性和公平性。

（4）喜证与乐透会

乐透会是通证化激励效果展示与放大的承载平台，意在通过所有成员展示业绩和才艺，制造快乐的情绪和励志的正能量，愉悦组织成员的身心，打造快乐工作、昂扬工作的组织文化氛围。乐透会的内容主要由功分排名奖励颁发、成员表演和抽奖、竞拍等环节构成。乐透会原则上每月或每季度开一次，召开频率越高，激励的实时性、可见性越强，激励效果越好。

同时，参与乐透会组织和展示表演的人，可以另外给予功分作为参与奖励。

乐透会可以作为喜证竞拍或抽奖的线下承载平台，喜证可以用作乐透会的抽奖券和竞拍券。

乐透会抽奖流程一般包括以下几个主要环节。

•投注：每个成员决定在当期投入多少张用于抽奖的喜证。

•抽资格：根据当期乐透会提供的奖品品类和数量，由指定的管理者或具有某种身份的人，从投注的奖箱里抽出与奖品数量相等的喜证。被抽中者具备摇功分的资格和获取本次乐透会奖品的资格。由于有的人投入的喜证较多，可能被重复抽中。抽中一次，就意味着必然会中一个奖，只是奖项大小还需要再次抽取。

•摇功分：被抽中的员工，可以摇大盘，获得大盘上对应的功分数量。

143

• 抽奖品类别：被抽中的人依据手持的喜证，从奖箱里抽取奖签，抽到什么奖签就获得什么奖品。例如，抽到标有"300元"的奖签，即表示获得300元的奖品。

当然，在具体操作实践中，采用通证化激励的组织也可以根据实际情况，对上述喜证抽奖的流程进行优化和调整，使其更加符合组织的实际情况。

乐透会竞拍流程一般包括以下几个主要环节。

• 组织公布竞拍标的物。

• 持有喜证有资格的成员用喜证竞拍叫价。

• 至无人叫价时，当前最高出价者中标。

• 核验喜证数量，回收喜证，发放竞拍标的物。

同样，在具体操作实践中，采用通证化激励的组织也可以根据实际情况，对上述喜证竞拍的流程进行优化和调整，使其更加符合组织的实际情况。

### 3.2.3 天证的设计与应用

根据前文我们对天证的定义，天证是对重大及特殊情况认可与奖励的权益凭证。

天证用于对组织成员符合组织导向的重大贡献的认可，简单理解就是"勋章，成就"。

天证可以突出对组织成员除金钱之外的多维价值的标识和认可，增强组织成员的存在感，从而有利于提升组织成员的忠诚度。

## 第3章 通证化激励及其设计应用

这符合马斯洛需要层次理论、成就激励理论以及 ERG 等理论倡导的理念，即对于个体而言，对生存之外的更高层次的需要的满足，更能激发人的动力和积极性，通证化激励体系中天证的设置，正是对这些理论的深切贯彻。

在通证化激励体系中，可以允许组织成员自发设置一些体现个性化价值的天证，如"K 哥天王"，有利于提升组织成员对组织集体事务的参与感以及使他们获得一种民主的公平感，增强其主人翁意识和责任感。

1. 天证的发放与获取

在通证化激励体系中，天证分为两类，一类是组织发起设立的天证，一类是组织成员通过民主程序发起设立的天证。

（1）组织发起设立的天证

该类天证一般是对比较突出的成就和重大或特殊贡献进行强化和认可。例如，在一个企业组织中，对在公司工作满 5 年的优秀老员工，做出重大发明创造的员工，可以给予天证奖励。

该类天证由组织决策层根据组织的价值导向，设立天证名称、解锁条件及对应权益。

（2）组织成员民主发起设立的天证

该类天证一般是对组织成员群体中普遍流行的价值的认可和激励，有利于增加组织成员对集体事务的参与感和积极性。

该类天证可以由任何组织成员发起并设立名称、解锁条件和对应权益，由组织全员大多数投票通过并经过组织决策层审核认定而设立。

需要注意的是,不管哪类天证,只针对个人发放,每种天证每人只能获得1次。

2. 天证的应用

天证属于激发和满足组织成员高层次成就需求的符号和工具,其价值具有以下特点。

• 天证具有荣誉价值和权益价值双重价值。

• 天证的权益价值按对应的权益的定义进行使用,直至消耗完为止。

• 天证关联的权益价值可大可小,更多地要突出其荣誉价值。

• 天证的荣誉价值除非经决策被取消,否则长期有效。

为了增加天证这种激励工具的可见性和重要性,天证要进行广泛而突出的展示。展示的基本要求如下。

• 天证要以设计精美的标志物进行标示,要设计得厚重、有价值感和荣誉感。

• 天证要与组织成员个人强关联公开展示,比如附着在通证SAAS系统平台的员工个人账号上,如图3-8所示,或展示在公司勋章墙上。

3. 天证的权益设置与获取

天证作为一种勋章性质的凭证,其荣誉价值宣示作用要优先于与其挂钩的权益。不同天证对应的权益类别和价值可以不同。天证更多的是要突出可见性,以及对个体所获取成就的荣誉感的

## 第 3 章 通证化激励及其设计应用

激励。

当然,一些天证也需要与具象的权益挂钩,具体挂钩的权益内容可以参考功分排名奖励的权益内容设置类别和设置原则,可以是实物、虚拟物品或是某种服务、权利等。

在设置天证时,需要定义天证的名称、设计天证的形象标志,注明天证表示的成就以及天证的解锁条件,还要说明天证挂钩的具体权益是什么,具体如表 3-11 所示。

图 3-8 天证展示
(示意图,仅供参考)

表 3-11 天证设置表(参考)

| 天证名称 | 天证类别 | 标示的成就 | 解锁条件 | 对应权益 |
| --- | --- | --- | --- | --- |
| 功勋业务王 | 公司发起设立 | 对企业做出了重大贡献 | 工作 3 年以上创造营收总额累计达到 500 万元以上 | 价值 10 万元的理财保险 |
| 活雷锋 | 员工发起设立 | 乐于助人 | 1 年内获取的喜证数量全公司排名第一 | 特制雷锋杯 1 个 |
|  | ... |  |  |  |

【注意】以上内容仅是参考性示例,具体由实施通证化激励的组织自行根据实际情况设置。

对组织中的个体而言，当其满足了某个天证的解锁条件，就可以申请解锁并获得此天证，享受该天证所标示的荣誉价值和对应的权益，这可以直接在通证 SAAS 系统平台客户端中进行操作，如图 3-9 所示。

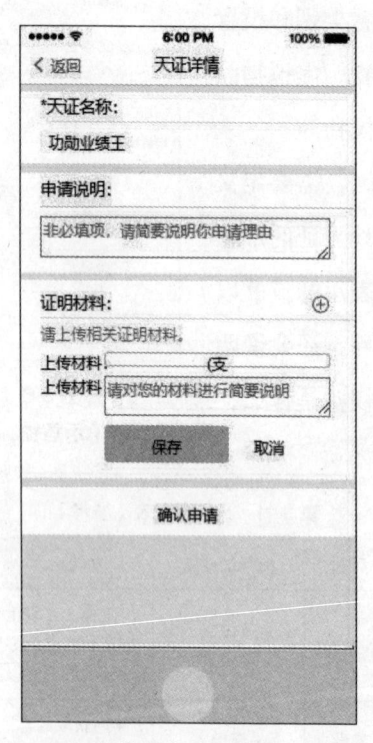

图 3-9 天证申请操作（示意图，仅供参考）

### 3.2.4 通证化激励的应用原则

在了解了功分、天证和喜证如何设计及应用之后，如果要将

## 第3章 通证化激励及其设计应用

其正式应用到激励与管理实践中，可以参照以下原则进行。

1. 灵活性原则

了解通证化激励体系的全貌之后，可以发现，通证化激励不仅是一套方法工具，更是一套思想理念体系。所以，在应用通证化激励到具体实践中时，不能教条地进行方法规则的复制或照搬照抄，关键是在透彻理解通证化激励体系的理论基础和底层原理之后，结合企业组织的实际情况，灵活应用。

例如，通证化激励体系中的"一分两证"，可以拆分开来，分阶段应用。也就是说，在将通证化激励导入企业组织时，可以同时将"一分两证"整体导入，也可以根据企业迫切需要解决的实际问题类型以及预算等方面的情况，先导功分、喜证或天证中的一个或两个，随着应用的推进和深入，逐渐再全部将"一分两证"导入进来。

再如，在通证化激励的"一分两证钩权献"的设计模型中，关于权益的设计，在遵循前面提出的基本设计理念和原则的基础上，可以灵活变通，针对自己员工的特点，进行很多创新。

总之，应用通证化激励的每一个过程和每一个步骤，都要在守住基本原理底线基础上时刻把握"灵活性"这个原则。

2. 渐进性原则

在通证化激励的"一分两证钩权献"模型中，权益的挂钩一定要遵循渐进性原则，即我们主张，在开始导入通证化激励体系的时候，权益部分的利益不要与工资直接挂钩，而是和工资之外的福利挂钩，待组织成员逐渐理解通证化激励，认识到通证化激励对其的积极意义之后，再逐渐和一些奖金、表彰等挂钩，应用成熟之后，再考虑如何将通证化激励中的"一分两证"跟工资薪酬做一些关联。

如果不采取渐进性原则，一开始就直接将组织成员的所有切身利益都与"一分两证"挂钩，将会带来组织成员的不理解、不配合，导致通证化激励一开始导入就遭到集体抵制而无法实行。

3. 公平性原则

第 2 章介绍通证化激励的理论基础时提到，激励措施是否能给被激励对象带来公平感十分重要，决定着激励的有效性。在将通证化激励体系应用到实践中时，尤其要关注的一个问题是公平性的问题。一旦让大多数组织成员认为通证化激励在应用中存在普遍或严重的公平性问题时，将直接导致通证化激励难以推行，并失去激励效果。

所以，坚持公平性原则是通证化激励的重中之重。这主要体现在"一分两证"的发放和流通涉及一些人为的决策和操作，可能会因主观原因造成对规则和方法的操作误差。所以，关于"一分两证"的相关规则及操作一定要透明、公正，相关管理人员在进行功分奖扣时要一碗水端平，不能基于个人好恶偏爱偏奖，或者是偏恶偏扣。在通证化激励的实施过程中，一定要设置好监督、纠偏机制，对执行过程中存在的公平性问题，及时进行校正。组织要充分发挥通证化激励支撑平台通证 SAAS 系统的优势，基于

第3章 通证化激励及其设计应用

大数据挖掘和分析，有效而及时地监控通证化激励的运行过程，对发现的有违公平的现象，及时进行处理。

## 3.3 通证化激励的特性分析

通证化激励源于区块链的启示，其一系列的方法工具和操作规则，既顺应和贯彻了各位理论大家关于激励的原理，又独具特色、自成体系，具有很强的可操作性和应用价值。

### 3.3.1 整合贯彻各派激励理论的原理

通证化激励综合体现了各种关于激励的理论与方法所倡导的先进思想和理念，是对这些理论和方法的集中反映，是一套兼容并包的方法体系；与此同时，它又提供了贯彻这些理论的具体操作方法和工具，使得这些理论和方法真正能得以在广大组织，尤其是中小企业中很简便地落地和应用。

1. 通证化激励为及时认可和反馈提供了有效抓手

根据目标激励理论的原则，明确目标、小步调推进工作并及时反馈对于组织成员具有重要的激励意义和效果（具体原理参见第2章相关章节的内容）。通证化激励体系中的重要抓手——功分，为管理者提供了对组织成员各种行为表现及行为成果进行即时反馈和认可的工具；喜证为每个组织成员提供了彼此实时认可的工具。可以说，通证化激励体系提供了有效的贯彻目标激励理论的可操作、可执行的解决方案。在该体系中,组织成员每做出一个行为,都会获得来自其上级的功分奖励或扣减,这一方面为组织成员的行为及结果提供了明确的反馈,同时,对于正向的行为结果,给予了明确量化而且非常及时的认可;组织成员之间在进行协作互助时,使用喜证进行"感恩"和"打赏",这属于组织成员之间点对点的实时认可。

实践表明,给组织成员的工作行为和结果明确的反馈信号,对的,予以肯定,推动其进入下一个步骤;错的,给予否定,促使其反思调整,有助于激励组织成员不断地朝着更好的方向去努力和进取。相反,如果在日常工作中,组织成员不能获得及时的反馈和认可,一方面会影响组织工作事物推进的效率,因为组织成员在没有明确信号时,多倾向于等待和观望,这样容易让其养成惰怠(行为和脑力两方面的惰怠)的不良习惯;另一方面,得不到及时反馈时,个体的工作没有方向,没有确定感,容易陷入迷茫,容易漫无目的做无用功,这会直接影响其工作的积极性。

及时认可的意义同样重要,在通证化激励体系中,只要组织成员做出有利于组织、有利于客户价值实现、有利于自我成长的事,都能得到组织和同事用功分或喜证表达的肯定,同时因为功分和喜证是与相应的权益挂钩的,所以组织成员体会到的不只是肯定,还有奖励。实践表明,在这种激励措施下,得到认可的组织成员,更能保持开心快乐工作的情绪,其对组织的信任感也会增强,工作效率也会随之升高。

## 第3章　通证化激励及其设计应用

2.通证化激励体现了激励的公平性

根据亚当斯的公平激励理论，工资报酬分配的合理性、公平性对组织成员会产生积极性的影响，反过来，则会降低组织成员的积极性（具体原理参见第2章相关章节的内容）。在通证化激励体系中，功分为组织成员的工作行为和结果提供了数值化的记录，并且通过通证SAAS系统平台可以进行数据挖掘和分析，这为后续一系列的有关福利、报酬等权益分配以及晋升发展，提供了数值化的客观评价依据，使各种评价和分配能够置于同一个数值化的衡量尺度之中，真正让组织成员体会到公平性，从而激发出大家竞相努力的动力。

公平激励理论指出，营造公平感，关键是让组织成员之间就自己的付出和贡献进行对比，这样才能使其真正体会到公平性。在通证化激励体系中，功分一方面标示了组织成员的贡献，每个成员累积的功分排名，其实就是业绩的排名、贡献的排名，这会给人以心服口服的公平感，能够激发每个个体查漏补缺，不断做出贡献，赢得功分的累加。同时，功分又与每个成员可以获得的权益挂钩，这使得每个成员都能建立"有付出就有回报"的公平认知。

在许多管理实践中，往往因为没有一套数值化的相对统一的评价尺度，在薪酬、奖金分配以及晋升等问题上，产生了一系列"付出不讨好"的负向激励困境，产生了连锁效应。例如，组织成员怀疑管理者的公正性，损害信任度，影响日常管理；组织中产生"会干的不如会说的"现象,产生对能干事但不善于展示的人才的逆淘汰;产生拉帮结派、利益同盟,圈子文化;没有相对客观标准,涉及福利、奖金、晋升、评优时,拿多拿少都觉得没给到位,成本花了不少,但并未产生激励效果。通证化激励针对于此,提供了完美的解决方案。

3.通证化激励让激励因素灵活多变

赫茨伯格的双因素激励理论指出,保健因素只能降低被激励对象的不满,不能增加其满足感,即保健因素只有维持作用,没有激励效果,激励因素才是驱动个体不断进取的关键(具体原理参见第2章相关章节内容)。这启示我们,在日常的激励实践中,一方面要谨慎确保保健因素,更重要的是要灵活地将一些因素转变成激励因素。

在通证化激励体系中,功分挂钩权益的方式,是采用排名获取阶梯性权益的方式,同时,在初期只是将一些基本薪资保障之外的福利纳入与功分挂钩。这一方面有效地保障了被激励对象对保健因素的需求,另一方面又可以灵活地使用功分,与一些多样化的权益挂钩,这为组织和管理者增加了设计和执行激励因素的工具和手段。例如,一位高级管理者出国出差带回一些合作伙伴的赠礼,可以灵活地基于某种规则,筛选出功分排名前几位的员工,将礼品转赠予他们。这些额外的,在组织成员期望之外的因素,是能够很好地起到激励作用的,而通证化激励就为组织和管理者提供了可灵活操作的激励因素实施方案。也就是说,通证化

第3章 通证化激励及其设计应用

激励能够让组织和管理者灵活多样地将一些保健因素转化为激励因素。而且这种转化，不会太生硬，还时时处处给被激励对象一种公平感。

4.通证化激励提供了成就激励的有效手段

无论是奥德弗的ERG理论还是麦克利兰的成就激励理论，都指出生存需要之外的高层次需要，诸如自我实现、自我成长以及成就、社会地位获取，具有巨大的激励作用（具体原理参见第2章相关章节内容）。这就启示我们，在日常激励实践中，如何引导和激发被激励对象对上述高层次需求的追求，并将其与工作关联，是十分重要的。

在通证化激励体系中，有一个重要的抓手——天证，它用于对组织成员所做出的突出重大或特殊贡献和价值进行标示及激励。这更多的是将被激励对象的成就进行外化展示和强化，以驱动被激励对象从中得到一种成就感，从而更加努力地夺取更大更多的成功；对于其他成员亦有榜样引领的作用，引领他们向榜样看齐，争取与榜样同样的成就和地位。所以，天证更多的是着眼于激发被激励对象进行发自内在的自我成就欲望的追求，从而产生更具力量的激励效果。因为，天证更多地标示和激发的是组织成员的精神动力，这是一种比外在物质激励更强大的自我驱动力。

而且，天证不仅可以用于对重大贡献的激励，还可用于标示和激励一些个性化的价值，虽然一些个性化的价值不直接产生绩效。例如，针对某个95后员工的街舞艺术水平，可为其颁发一个标示其价值的天证，可能这种价值并不直接产生绩效，但由于这是对他独特成就的一种认可，可以激发其内在的成就感和幸福感，进而也会使这种成就感所激发出的积极向上的动力和热情在工作中得以发挥和应用。这对组织和被激励对象来说，是双赢的局面。

5. 通证化激励为组织对其成员表达期望提供了有效工具

弗鲁姆的期望理论指出，人们是可以成为其所期望的样子的，关键是为其设立合理的期望目标并使其确信这种期望可以实现（具体原理参见第2章相关章节内容）。

在通证化激励体系中，每一名成员的工作目标及其价值，可以通过"一分两证"进行引导，相当于组织将对其成员的所有期望，都用"一分两证"进行了明确宣示。做出某个行为就可以获取几个功分，达到某个条件就可以解锁某个天证，这些都是事先由组织及其管理者明确进行展示了的。这相当于给组织成员提出了一个个小目标和大期望，而且这种目标是足够细颗粒度、足够明确具体的，这就让组织成员能够明确自己努力的方向和路径，并相信自己通过努力是可以达成的。可以说，通证化激励体系中的"一分两证"，既是权益的标示，代表着对被激励对象需求的牵引，又是组织成员目标实现的路径导航，激励着他们相信并坚持一步步完成各个阶梯式的目标，从而完成组织期望其达到的目标。所以，通证化激励让组织的期望，时时刻刻、事事处处地表

## 第3章 通证化激励及其设计应用

达和展示给了其成员，引领其成员提高效率、提升能力，从而提升组织效率，达成组织目标，实现组织持续不断的发展。

6. 通证化激励具备有效激励的三大基本特征

通过前面的分析我们知道，通证化激励通过"一分两证"的工具方法体系，巧妙而有效地整合贯彻了各流派激励理论的基本原理，并提供了切实可操作的方法和工具，而且完美体现了有效激励措施所必需的重要性、可视性和公平性等三大基本特征。

首先，通证化激励的三大抓手具有"重要性"的特征。所谓重要性，就是激励措施对被激励对象而言是有用的、有价值的、重要的，如金钱对每个人都是重要的一样。在通证化激励中，"一分两证"是基本的激励符号和工具，它们一方面和每个组织成员所做出的贡献挂钩，用数值标示出这些贡献的数量，一方面又与组织成员可获取的权益挂钩，这就使得无论是功分、喜证还是天证，在组织成员手中都具有价值，即具有重要性。因为，获取了"一分两证"，决定着组织成员的福利、奖金或晋升机会的多少，每多获取一份，就多一分获取更多权益的可能性。所以，"一分两证"对每个组织成员都是重要的。

其次，通证化激励的三大抓手具有"可视性"的特征。所谓可视性，就是激励的措施要有足够的展示宣扬，这样有利于增强措施的有效性。例如，颁发给某个人一个奖杯，在一个众人瞩目的场合举办一个颁发仪式的激励效果，要比私下颁发奖杯有效得多。在通证化激励中，在通证SAAS系统平台上，功分、喜证和天证实时地、动态地展示在每个组织成员的个人账号中，组织内的所有成员都可以相互查看各自拥有的功分、喜证及天证的数量及其排名，这是一种展现"可视性"的方式。同时，在通证化激励体系中，还设有专门的激励效果放大的承载平台——乐透会，通过乐透会这种形式，可将每个组织成员的贡献、成就和奖励进行仪式化展示，这就更进一步地增强了激励的"可视性"。

最后，通证化激励体现了"公平性"的特征。关于激励中公平性的重要性，以及通证化激励在公平性上的特点，我们在前面的章节内容中已经做了专门讨论，这里就不再赘述。

### 3.3.2 打造以价值为中心的激励体系

激励的终极目标是激发每个组织成员最大限度地发挥潜力创造有效价值，并得到公平的剩余价值分配。激励本该以价值为中心展开，但在现实的组织管理中，往往存在着价值创造与价值分配的错位，比如创造了更多价值的人，却获得了较少的价值分配。究其原因，是因为缺乏价值标示和价值流转的有效机制。

通证化激励体系囊括了组织中的三类主要价值，分别是个体价值、协作价值和多维价值，在通证化激励中，用"一分两证"分别对这些价值进行标示。个体价值是组织成员的工作潜能及其产出的贡献。这种贡献在通证激励中，用功分加以标示和表达。协作价值是组织成员通过协同合作所形成的合力以及这种合力所

## 第3章 通证化激励及其设计应用

产生的价值,在通证化激励中,用喜证对这种价值进行标示和表达。多维价值更多地指每个个体的与众不同的、非常规化的技能、特长及其所产生的价值,在通证化激励中,用天证对此类价值进行了标示和表达。与此同时,"一分两证"是通证化激励体系中价值分配的核心依据,通过"一分两证"将价值创造和价值分配进行了有机的统一,使得整个激励体系始终以价值为中心展开。

这样一来,就使得通证化激励的整个出发点和落脚点,都是围绕价值的激发、挖掘、标示和分配展开,基于通证SAAS系统平台,又使得这些价值都以数值化的方式进行永久记录和留存。这能够实现真正的劳有所得和劳有所获,实现如区块链中所遵循的PoW共识那样的"谁的算力大(优秀)谁获得Token奖励"的激励,让激励真正以价值为中心,让组织成员都能够心无旁骛地聚焦于创造更多的价值,而不是被怀疑、不信任等情绪困扰。

在以往的激励实践中,经常存在价值评定和分配过度依赖主观判断的弊端,这导致了组织中每个个体并不能全身心地投入价值创造的活动中去,而要时不时地关注诸如关系拉拢、争理维权、质疑思辨等非价值创造活动。更为糟糕的是,这种形势会导致诸如拉帮结派、造假欺诈等现象和活动,对组织造成无谓的消耗和破坏,从而进一步恶化组织内的价值创造和价值分配生态,使组织失去生存力和竞争力,最后所有成员陷入全盘皆输的困局。

由此可见，以价值为中心的激励体系何其重要。通证化激励正是提供了一套以价值为中心的激励方法和工具体系，这种激励体系能够有效激励组织内的每个个体效率的提升和潜能的发挥，能够促使组织内成员相互之间紧密协同、高效合作，促进协作效率的提升，最终实现的是组织整体效率、效能和效益的全面提升，从而促使组织进入良性发展和增值的轨道。

### 3.3.3　创造边界爆破的催化剂

有一句话叫"三百六十行，行行出状元"，这是说人们不论在什么工作岗位上都应该尽职尽责、全力以赴、埋头苦干，最终都可以创造一番成就。或许在过去很长一段时间内，这句话都是有道理的。但是，今天"跨界"当状元的现象屡见不鲜，比如互联网行业的腾讯公司用微信俨然成了移动通信行业的"状元"；移动互联网领域的餐饮外卖当了传统食品行业的"状元"，让方便面销量大减……这一切都表明，今天，各个行业的特征和边界变得越来越模糊。

不仅行业的边界被打破，消费者和生产者的边界也在不断被突破。滴滴出行把个人车辆的闲置时间利用起来，让私家车主也可以转变为出租车司机，乘客因而获得高效、低价的出行服务，服务方也享受到了车辆使用效率提升带来的回报。可以发现，这种模式中最重要的特征和威力在于：服务者也是消费者，消费者也是服务者，这种双重的角色定位使其商业模式本身具有了可持

## 第3章 通证化激励及其设计应用

续性。无独有偶，Airbnb 也在共享模式的推动下成为世界客房数最多的"酒店"。消费者也会成为生产者，这样的组织会具有强大的生命力。

从上述例证中可以得出的一个启示是，组织想方设法去突破边界在今天显得尤为重要，只有突破边界才能实现不断的创新、持续的发展、持久的增长。具体而言，这种边界的突破包括组织内个体能力边界的突破、组织内横向边界的突破和组织能力及业务边界的突破。通证化激励体系，恰恰能够成为这些边界爆破的催化剂。

首先，通证化激励能够激发个体突破其能力边界。功分的排名激励机制以及天证的成就激励特性，都能够驱使组织内的个体为获得更多的功分和天证而不断学习提升、挖掘拓展个体的潜能，不断突破自己的能力边界，做出更多的业绩和成就。

其次，通证化激励能够打破组织内的部门墙。在组织管理实践中，随着组织规模的扩大，组织内的部门层级和种类越设越多，很容易造成各自为政、山头林立、推诿扯皮的问题，从而拖累组织的协作效率，降低组织的效能和效益。通证化激励通过一种公平可信体系的打造，通过喜证表达点对点协作的认可和感恩，每一次的协作价值都通过喜证得到标示和认可，并得以权益奖励，这使得组织成员相互之间的协作更加顺畅，协作摩擦不断被润滑和稀释，从而有助于打破组织内部门与部门之间、个体与个体之间的边界，提升横向的协同效率。

最后，通证化激励能够助力组织能力和业务边界的突破。组织是由多个个体组成的协作体，个体的能力边界不断得以突破和拓展，个体之间协作的边界不断得以突破和拓展，最终带来的效果必然是组织能力的突破和拓展。组织能力边界的突破，意味着组织具有更快的生产效率、更强的创新能力，这将进一步促使组织业务边界的突破和发展，包括业务模式、业务宽度和深度等，都可以得到突破和提升。

更进一步，如果我们将组织的客户纳入通证化激励体系中，则会实现组织边界的突破，让一个个体既是组织的成员又是组织的客户，从而带来另一番天地和想象空间。因此，如果将通证化激励在组织中应用得足够深入和娴熟，其必将成为一剂强有力的边界爆破催化剂。

总而言之，通证化激励是经典激励理论指导下的、以价值为中心的激励体系，应用到组织激励中，将不仅提升个体和组织的效率、效能，还会为组织带来无限的增长和创新的原动力。

# 第 4 章
# 通证化激励与企业组织管理

  在组织管理中,激励解决的是最大化发挥人力资源潜能的问题,是实现组织经营管理目标的重要手段。作为一套整合贯彻了各种激励理论,提供了一系列可操作方法工具的有效激励解决方案,通证化激励不仅是一种激励方式,更是一种从激励角度切入但涉及面广泛的管理方式。通证化激励是对传统已有组织管理,尤其是目标管理的各种方法和工具体系的继承与发展,既能够发挥各种目标管理方法和工具的优势,又能够规避其存在的一些不足。

## 4.1 传统目标管理方法综述

为了透析通证化激励体系是如何在组织的目标管理中发挥作用的，我们有必要对传统已有的目标管理思想、方法和工具进行梳理，从而深刻把握通证化激励体系在目标管理中应用的重要优势和好处。

### 4.1.1 目标管理

目标管理由美国管理学家彼得·德鲁克于20世纪50年代提出，被称为"管理中的管理"。

目标管理是由企业最高层领导制订一定时期内整个企业期望达到的总目标，然后由各部门和全体职工根据总目标的要求，制订各自的分目标，并积极主动地设法实现这些目标的管理方法。目标管理一方面强调完成目标，实现工作成果；另一方面重视人的作用，强调员工自主参与目标的制订、实施、控制、检查和评价。

目标管理是以目标为导向，以人为中心，以成果为标准，而使组织和个人取得最佳业绩的现代管理方法。目标管理亦称"成果管理"，俗称责任制，指在企业个体职工的积极参与下，自上而下地确定工作目标，并在工作中实行"自我控制"，自下而上地保证目标实现的一种管理办法。

彼得·德鲁克认为，并不是有了工作才有目标，而是相反，有了目标才能确定每个人的工作。所以"组织的使命和任务，必

## 第4章　通证化激励与企业组织管理

须转化为目标"，如果一个领域没有目标，这个领域的工作必然被忽视。因此管理者应该通过目标对下级进行管理，组织最高层管理者确定了组织目标后，必须对其进行有效分解，转变成各个部门以及各个人的分目标，管理者根据分目标的完成情况对下级进行考核、评价和奖惩。

目标管理最为广泛的应用是在企业管理领域。企业目标可分为战略性目标、策略性目标以及方案、任务等。一般来说，经营战略目标和高级策略目标由高级管理者制订；中级目标由中层管理者制订；初级目标由基层管理者制订；方案和任务由职工制订，并同每一个成员的应有成果相联系。自上而下的目标分解和自下而上的目标期望相结合，使经营计划的贯彻执行建立在职工的主动性、积极性的基础上，把企业职工吸引到企业经营活动中来。

目标管理应具备以下特点。

• 员工参与管理：目标管理是员工参与管理的一种形式，由上下级共同商定，依次确定各种目标。

• 以自我管理为中心：目标管理的基本精神是以自我管理为中心。目标的实施，由目标责任者自我进行，通过自身监督与衡量，不断修正自己的行为，以实现目标。

• 强调自我评价：目标管理强调自我对工作中的成绩、不足、错误进行对照总结，经常自检自查，不断提高效益。

• 重视成果：目标管理将评价重点放在工作成效上，按员工的实际贡献大小如实地评价一个人，使评价更具有建设性。

目标管理这个重要的概念和思想提出来之后,得到了广泛的应用。目标管理方法提出来后,美国通用电气公司最先采用,并取得了明显效果。其后,目标管理在美国、西欧、日本等许多国家和地区得到迅速推广,被公认为是一种加强计划管理的先进科学管理方法。中国于20世纪80年代初开始在企业中推广目标管理,采取的干部任期目标制、企业层层承包等,这些都是目标管理方法的具体运用。

目标管理更多的是提出了一套指导思想和原则,主要强调目标对组织成员工作方向的指引以及对组织成员的激励方面的重要意义,实际上与期望理论的内容是一脉相承的。这意味着,虽然目标管理的具体形式各种各样,但其基本内容是一样的。目标管理是一种程序或过程,它使组织中的上级和下级一起协商,根据组织的使命确定一定时期内组织的总目标,由此决定上、下级的责任和分目标,并把这些目标作为组织经营、评估和奖励每个单位和个人贡献的标准。但是,在实际应用过程中,存在着这样那样的问题,使得目标管理的思想和原则并未得到全面的贯彻。主要问题在于:目标管理的一些操作原则并未得到落实,比如目标管理强调的组织成员在目标制定过程中的民主参与性并不能得到完全保障;组织目标与成员个体目标的统一并不能完全实现。这使得目标管理的应用效果,会出现一些不尽人意的地方,削弱了目标管理的功效。所以,我们需要一套真正能够贯彻目标管理思想及原则的方法和工具体系,真正将目标管理的效用落到实处。

## 4.1.2 KPI

KPI 是一种重要的目标管理方法和工具。

1. KPI 简介

KPI 是英文 Key Performance Indicator 的首字母简写，译为中文是关键绩效指标。KPI 是通过对组织内部流程的输入端、输出端的关键参数进行设置、取样、计算、分析，衡量流程绩效的一种目标式量化管理指标，是把企业的战略目标分解为可操作的工作目标的工具，即 KPI 是目标管理的一种方法和工具。

KPI 法遵循的一个重要的原理是二八原理。二八原理是意大利经济学家帕累托提出的一个经济学原理，即在一个组织的价值创造过程中，存在着"80/20"的规律，即 20% 的骨干人员创造了组织 80% 的价值；而且在每一位成员身上二八原理同样适用，即 80% 的工作任务是由 20% 的关键行为完成的。因此，必须抓住 20% 的关键行为，对之进行分析和衡量，这样就能抓住业绩评价的重心。

二八原理为绩效考核指明了方向，即考核工作的主要精力要放在关键的结果和关键的过程上。于是，绩效考核一定要放在关键绩效指标上，考核工作一定要围绕关键绩效指标展开。

建立 KPI 指标的要点在于流程性、计划性和系统性。首先明确组织的战略目标，并在组织会议上利用头脑风暴法和鱼骨分析法找出组织的业务重点，也就是组织价值评估的重点。然后，再用头脑风暴法找出这些关键业务领域的关键业绩指标（KPI），即组织级 KPI。

接下来，各部门的主管需要依据组织级 KPI 建立部门级 KPI，并对相应部门的 KPI 进行分解，确定相关的要素目标，分析绩效驱动因数（技术、组织、人），确定实现目标的工作流程，分解出各部门级的 KPI，以便确定评价指标体系。

然后，各部门的主管和部门的 KPI 人员一起再将 KPI 进一步细分，分解为更细的 KPI 及各职位的业绩衡量指标。这些业绩衡量指标就是员工考核的要素和依据。这种对 KPI 体系的建立和测评过程本身，就是统一全体成员朝着组织战略目标努力的过程，也必将对各部门管理者的绩效管理工作起到很大的促进作用。

指标体系确立之后，还需要设定评价标准。一般来说，指标指的是从哪些方面衡量或评价工作，解决"评价什么"的问题；而标准指的是在各个指标上分别应该达到什么样的水平，解决"被评价者怎样做，做多少"的问题。

最后，必须对关键绩效指标进行审核。例如，审核这样的一些问题：多个评价者对同一个绩效指标进行评价，结果是否能取得一致？这些指标的总和是否可以解释被评估者 80% 以上的工作目标？跟踪和监控这些关键绩效指标是否可以操作？等等。审核主要是为了确保这些关键绩效指标能够全面、客观地反映被评价对象的绩效，而且易于操作。

每一个职位都影响某项业务流程的一个过程，或影响过程中

## 第 4 章 通证化激励与企业组织管理

的某个点。在订立目标及进行绩效考核时,应考虑职位的任职者是否能控制该指标的结果,如果任职者不能控制,则该项指标就不能作为任职者的业绩衡量指标。例如,跨部门的指标就不能作为基层员工的考核指标,而应作为部门主管或更高层主管的考核指标。

2. KPI 的应用

KPI 目标制订与考核方法,为目标管理提供了一套可操作的工具和方法体系,具有以下优点。

• 目标明确,有利于公司战略目标的实现。KPI 是组织战略目标的层层分解,通过 KPI 指标的整合和控制,使组织成员绩效行为与组织目标要求的行为相吻合,不至于出现偏差,有力地保证了组织战略目标的实现。

• 提出了客户价值理念。KPI 提倡的是组织内外部客户价值实现的思想,对组织尤其是企业组织形成以市场为导向的经营思想有一定的提升。

• 有利于组织利益与个人利益达成一致。策略性地指标分解,使组织战略目标成了个人绩效目标,组织成员个人在实现个人绩效目标的同时,也是在实现组织总体的战略目标,达到两者和谐,组织与成员共赢的结局。

但是,KPI 在日常管理实践中,并非完美无瑕,也暴露出了种种局限和不足,主要表现在以下方面。

• KPI 注重目标结果,组织成员个人的目标实际还是来自组织最高目标的分解，并未真正从组织成员个体需求满足的角度有更多的考虑，所以，它还是一个自上而下的考核工具，这样组织成员的主观能动性就有可能被压抑，反倒不利于积极性的发挥和目标的达成。

• KPI 在日常应用中，往往只被作为一种考核工具，出现重考核弱反馈的现象，考核完成之后，往往缺乏对结果尤其是未达成结果的原因诊断，以及针对原因给予进一步的辅导。

• KPI 考核主要考核过去已发生的结果，缺少对组织成员未来潜力发展因素的关注和激励。

• KPI 指标的设定，往往会偏重财务方面的单一性指标，因为这些指标是组织尤其是企业组织最关注的目标，这就会导致组织及其成员缺乏对其他诸如文化、学习成长等方面的关注，从而使组织缺乏成长的动力。

• KPI 考核结果决定了管理者的成本、被管理对象的薪资，导致双方对立、博弈，这不利于最大化地发挥组织成员的积极性和潜能。

### 4.1.3 平衡计分卡

平衡计分卡也是一种目标管理的方法和工具。

1. 平衡计分卡简介

平衡计分卡源自哈佛大学教授 Robert Kaplan 与诺朗顿研究院（Nolan Norton Institute）的执行长 David Norton 于 1990 年从

事的"未来组织绩效衡量方法"的计划,是一种绩效评价体系。当时该计划的目的,在于找出超越传统以财务量度为主的绩效评价模式,以使组织的"策略"能够转变为"行动"。经过多年发展,平衡计分卡发展为组织战略管理的工具,在组织战略规划与执行管理方面发挥非常重要的作用。

平衡计分卡的设计包括四个方面:财务、顾客、内部运营、学习与成长。这几个方面分别代表企业组织三个主要的利益相关者:股东、顾客和员工。每个方面的重要性取决于利益相关者自身和指标的选择是否与企业组织战略相一致。

(1) 财务层面

财务性指标是一般组织尤其是企业组织常用于绩效评估的传统指标。财务性绩效指标可显示企业的战略及其实施和执行是否正在为最终经营结果(如利润)的改善做出贡献。但是,不是所有的长期策略都能很快产生短期的财务盈利。非财务性绩效指标(如质量、生产时间、生产率和新产品等)的改善和提高是实现目的的手段,而不是目的本身。财务层面指标衡量的主要内容:收入的增长、收入的结构、降低成本、提高生产率、资产的利用和投资战略等。

(2) 客户层面

平衡计分卡要求企业将使命和策略诠释为具体的与客户相关的目标和要点。企业应以目标顾客和目标市场为导向,应当专注于是否满足核心顾客需求,而不是企图满足所有客户的偏好。客户最关心的不外乎五个方面：时间、质量、性能、服务和成本。企业必须为这五个方面树立清晰的目标，然后将这些目标细化为具体的指标。客户层面指标衡量的主要内容：市场份额、老客户回头率、新客户获得率、顾客满意度、从客户处获得的利润率。

（3）内部运营层面

建立平衡计分卡的顺序，通常是在先制订财务和客户方面的目标与指标后，才制订企业内部流程面的目标与指标，这个顺序使企业能够抓住重点，专心衡量那些与股东和客户目标息息相关的流程。内部运营绩效考核应以客户满意度和实现财务目标影响最大的业务流程为核心。内部运营指标既包括短期的现有业务的改善，又涉及长远的产品和服务的革新。内部运营层面指标涉及企业的改良、创新过程、经营过程和售后服务过程。

（4）学习与成长层面

学习与成长的目标为其他三个方面的宏大目标提供了基础架构，是驱使计分卡上述三个方面获得卓越成果的动力。面对激烈的全球竞争，企业今天的技术和能力已无法确保其实现未来的业务目标。削减对企业学习与成长层能力的投资虽然能在短期内增加财务收入，但由此造成的不利影响将在未来给企业带来沉重打击。学习与成长层面指标涉及员工的能力、信息系统的能力与激励、授权与相互配合。

更进一步而言，平衡计分卡的发展过程中特别强调描述策略背后的因果关系，基于客户层面、内部运营层面、学习与成长层

## 第4章　通证化激励与企业组织管理

面评估指标的完成而达到最终的财务目标。

2. 平衡计分卡的应用

平衡计分卡方法的引入弥补了企业以往只关注财务指标的考核体系的缺陷，仅注重财务指标会使企业过分关注一些短期行为而牺牲一些长期利益，比如员工的培养和开发，客户关系的开拓和维护等。平衡计分卡最大的优点在于：它从企业的四个方面来建立衡量体系，这四个方面是相互联系、相互影响的，其他三类指标的实现，最终保证了财务指标的实现。同时，平衡计分卡方法下设立的考核指标既包括了对过去业绩的考核，也包括了对未来业绩的考核。

从平衡计分卡的名称中，就可以知道它所强调的一种原则——平衡。在平衡计分卡中，包含了五项平衡。

• 财务指标和非财务指标的平衡。企业考核的一般是财务指标，而对非财务指标（客户、内部运营、学习与成长）的考核很少，即使有对非财务指标的考核，也只是定性的说明，缺乏量化的考核，缺乏系统性和全面性。

• 企业的长期目标和短期目标的平衡。平衡计分卡是一套战略执行的管理系统，如果以系统的观点来看平衡计分卡的实施过程，则战略是输入，财务是输出。

• 结果性指标与动因性指标之间的平衡。平衡计分卡以有效完成战略为动因，以可衡量的指标为目标管理的结果，寻求结果性指标与动因性指标之间的平衡。

- 企业组织内部群体与外部群体的平衡。平衡计分卡系统中，股东与客户为外部群体，员工和内部业务流程是内部群体，平衡计分卡可以发挥在有效执行战略的过程中平衡这些群体间利益的功能。
- 领先指标与滞后指标之间的平衡。财务、客户、内部运营、学习与成长这四个方面包含了领先指标和滞后指标。财务指标就是一个滞后指标，它只能反映公司上一年度发生的情况，不能告诉企业如何改善业绩和可持续发展。而对于后三项领先指标的关注，使企业达到了领先指标和滞后指标之间的平衡。

虽然平衡计分卡的理念和方法非常先进，但在对平衡计分卡的应用实践中，也存在着各种各样的局限和困难，具体表现在以下方面。

- 沟通与共识上的困难。根据相关调查，企业中少于十分之一的员工了解企业的战略及战略与其自身工作的关系。尽管高层管理者清楚地认识到达成战略共识的重要性，却少有企业将战略有效地转化成基层员工能够理解且必须理解的内涵，并使其成为员工的最高指导原则。
- 组织与管理系统方面的困难。据调查，企业的管理层在例行的管理会议上花费近85%的时间处理业务运作的改善问题，却以少于15%的时间关注战略及其执行问题，过于关注各部门的职能，却没能使组织的运作、业务流程及资源的分配围绕着战略进行。
- 信息交流方面的困难。平衡计分卡的编制和实施涉及大量

### 第4章 通证化激励与企业组织管理

的绩效指标的取得和分析,是一个复杂的过程。因此,企业对信息的管理及信息基础设施的建设不完善,将会成为企业实施平衡计分卡的又一障碍。这一点在中国的企业中尤为突出。中国企业的管理层已经意识到信息的重要性,并对此给予了充分的重视,但在实际中,信息基础设施的建设受到部门的制约,部门间的信息难以共享,只是在信息的海洋中建起了座座岛屿。这不仅影响了业务流程,也是实施平衡计分卡的障碍。

· 对绩效考核认识方面的困难。如果企业的管理层没有认识到现行的绩效考核的观念、方式有不妥当之处,平衡计分卡就很难被接纳。长期以来,企业的管理层已习惯于仅从财务的角度来测评企业的绩效,并没有思考这样的测评方式是否与企业的发展战略联系在一起,是否能有效地测评企业的战略实施情况。

总体而言,上述应用平衡计分卡的困难主要归结于一点,就是操作比较困难,实施成本比较高。

#### 4.1.4 OKR

OKR 是英文 Objectives and Key Results 的首字母缩写,翻译成中文就是目标与关键成果法,它是源于英特尔和谷歌等知名公司的一套明确和跟踪目标及其完成情况的管理工具和方法,也是目标管理的有效工具之一。

1. OKR 简介

OKR 由英特尔公司发明,并由约翰·杜尔将其大众化。

OKR 与 OKR 工具被多个公司采用，包括百度、优步、谷歌、领英、推特等大型企业。

所谓 OKR，O = Objective，可以理解为企业目标，KR = Key Results，可以理解为关键结果，浓缩在一起就是"为确保达成企业目标的关键结果分解与实施"。

在保罗·R.·尼文和本·拉莫尔特所著的 *Objectives and Key Results: Driving Focus, Alignment, and Engagement with OKRs* 一书中，将 OKR 定义为：OKR 是一套严密的思考框架和持续的纪律要求，旨在确保员工紧密协作，把精力聚焦在能促进组织成长的、可衡量的贡献上。

可以把这个定义拆解成几个小块理解。

（1）严密的思考框架

OKR 并不是简单的每个周期跟踪一下执行的结果，而是要超越代表结果的那些数字本身，思考这些数字对个体以及组织来说意味着什么，从而发掘出最有意义的问题，以便于找到通向未来目标的突破口。当 OKR 被严谨和规范地执行时，这一思考框架的作用会更加凸显出来。

（2）持续的纪律要求

OKR 代表了一种时间和精力上的承诺。要注意规避把目标设定之后就束之高阁的现象，要想从 OKR 方法中受益，就必须遵循这个模型的要求：以季度（或者其他预先规定的周期）为单位刷新 OKR；仔细确认 OKR 达成情况；必要时，持续修正现行

## 第4章　通证化激励与企业组织管理

战略和商业模式；结果导向。

（3）确保员工紧密协作

OKR的目的在于促进员工团队的协作，与组织的目标对齐，而不是对员工的绩效考核。由于OKR对每一个人都充分共享，组织内从上至下都可以看到OKR及其达成情况，这样才便于跨团队协作达成目标。

（4）精力聚焦

OKR用于识别最关键的业务目标，并通过量化的关键结果去衡量目标达成情况，而不是一些待办事项的简单罗列。

（5）做出可衡量的贡献

对于KR而言，确保KR是定量的，是其最基本的属性。任何时候，对最终的结果要确保可以衡量，而不是靠主观评价。

（6）促进组织成长

判断OKR实施成功与否的最终标准，就是看其是否促进了组织成长。

以上是OKR的六个关键要素，也是实施OKR管理的基本原则，只有严格按照这六个原则制订OKR和实施OKR，OKR才能真正发挥所期待的效果。

2. OKR的应用

就公司、团队、个人三个层次来说，在制订和实施OKR时，要搞清楚这样几个问题。

- 公司：OKR是管理层向整个公司表达近期想要着重做的

事情，是开拓新的领域还是深耕现有领土？

- 团队：团队领导首先需要考虑为了公司的 OKR，自己的团队能做什么？除此之外，本团队想做的紧急而重要的事情是什么？
- 个人：除了绑定公司和团队的 OKR，自己还想改变和挑战什么？为什么？

在执行 OKR 时，要注意以下几个关键点。

- 自上而下：公司和团队的领导需要明确自己想要的 O（即目标）是什么？更重要的是为什么有这个 O？然后是各项优先级，至于 KR，可以多种多样。
- 需要遵循 SMART 原则：确保组织中任何一个成员都能看懂所要执行的 OKR，特别是跨部门的成员。
- 强调产出 KR：所谓产出导向就是关注做事情的成果，而不仅仅关注事情有没有做。
- 及时调整：定期排序，调整优先级，甚至调整 O 或 KR。

OKR 的益处在于：OKR 公开之后，每个团队和个人都能清楚伙伴们在做什么，避免浪费，可以借力合作，因为每个人的精力是有限的，对应到团队和公司也一样；OKR 更多是作为一个管理方法或者沟通的工具，经常打开 OKR 看看，让大家的努力都在一定时间内专注在一致的方向上。总之，OKR 系统是在组织内设定可衡量的目标并将公司、团队和个人目标联结起来的有效方式。它使公司和员工聚焦于一个明确、共同的目标，并不断

## 第4章 通证化激励与企业组织管理

发展壮大。

实际上,OKR并不是什么新鲜的事物,它是在目标管理的发展过程中,融合了一系列框架、方法和哲学的产物。彼得·德鲁克在20世纪60年代就提出了目标管理的思想,OKR实际上是在KPI、目标制订的SMART原则等基础上的继承和优化,但它与KPI具有不同的出发点和操作过程。

(1)角度不同

OKR偏重于促进"我要做的事",KPI偏重于促进"要我做的事",但二者都强调有目标,同时也需要有执行力。OKR的思路是先制订目标,然后明确目标的结果,再对结果进行量化,最后考核完成情况。KPI的思路也是先确定组织目标,然后对组织目标进行分解直到个人目标,最后对个人目标进行量化。

(2)应用方式不同

OKR与绩效考核分离,不直接与薪酬、晋升关联,强调KR的量化而非O的量化,并且KR必须服从O,可以将KR看作达成O的一系列手段。员工、团队、公司可以在执行过程中更改KR,甚至鼓励这样的思考,以确保KR始终服务于O。这样就有效地避免了执行过程与目标愿景的背离,也解决了KPI目标无法制订和测量的问题。

(3)应用目标不同

OKR致力于如何更有效率地完成一个有野心的项目,是"监控我要做的事"。而KPI则强调如何保质保量地完成预定目标,是"要我做的事"。KPI 类似流水线式的制造，需要制订者对流程及产能完全了解。OKR 类似自由团体的群起响应，需要流程的参与者与组织同心同德。

总之，OKR 主要强调的是对于项目的推进，而 KPI 主要强调的是对人事的高效组织，前者要求的是如何更有效率地完成一个有野心的项目，而后者则强调的是如何保质保量地完成预定目标。OKR 相对于 KPI 而言，不是一个考核工具，而是一个更具有指导性的工具，它存在的主要目的不是考核某个团队或者员工，而是时刻提醒每一个人当前的任务是什么。

虽然 OKR 目前被许多大型的互联网公司引进并应用，但 OKR 的应用实践中，也常常会出现一些局限和不足，主要表现在以下方面。

- 在 O 的制订过程中，其实存在着和 KPI 制订时同样的问题，比如目标不够清晰、具体和能达成共识。

- 在 KR 的制订与实施过程中，需要依赖于组织成员的主观能动性，这增加了对其正确恰当应用的负担，并不是所有个体都时时刻刻具有主动思考和挑战的野心。

- OKR 的实施比较复杂，需要做好精细的准备工作，包括全员对 OKR 方法的共识、OKR 的合理制订，这都需要较高的实施成本。

需要指出的是，一般对于大型企业，由于其人员素质普遍较高，所以实施起来相对容易；但对于中小型企业，由于其人员素质的局限，实施 OKR 步履维艰。

### 4.1.5　PBC

PBC 是英文 Personal Business Commitment 的首字母缩写，中文译为个人业绩承诺或个人事业承诺，是 IBM 发起的以战略和经营目标为基础而层层分解目标和工作的考核方法。

1. PBC 简介

IBM 传统的 PBC 建立基于三个原则：Win、Executive 和 Team。其中 Win（制胜力）偏于结果导向，指目的地是哪里，且达到这个目的地所付出的努力不亚于任何人。Executive（执行力）偏于过程导向，即要完成这些目标需要做的事情是什么，执行力是目标完成的保障。Team（团队）指团队目标，任何单兵作战都不如团队的力量大，完成这些目标需要的团队配合和团队目标是什么。PBC 其实就是个人在结果、执行和团队三个层面的承诺。

• 结果目标承诺：员工承诺的本人在考核期内所要达成的绩效结果目标，以支持部门或项目组总目标的实现。

• 执行措施承诺：为达成绩效目标，员工与考核者对完成目标的方法及执行措施达成共识，并将执行措施作为考核的重要部分，以确保结果目标的最终达成。

• 团队合作承诺：为保证团队整体绩效的达成，更加高效地推进关键措施的执行和结果目标的达成，员工须就交流、参与、理解和相互支持等方面进行承诺。

　　IBM 的 PBC 包含三个方面：业务目标、员工管理目标以及个人成长目标。其中，业务目标基于部门目标和团队目标制订，但同时可体现个人对自己的业务达到什么样的结果做出承诺，公司鼓励员工完成更有挑战性的目标；员工管理目标是针对具有管理任务的管理者制订的；个人成长目标指员工个人今年想要在个人能力上有怎样的进步与成长，以及个人能力的提升能够给个人业务目标的完成带来怎样的帮助。

　　2. PBC 的应用

　　实施 PBC 的具体步骤包括：制订计划、辅导、结果评估和绩效面谈。IBM 的 PBC 计划制订一般是在年初自上而下进行。各部门领导先根据公司的战略目标制订出个人的 PBC，然后部门员工根据领导设定的目标对自己的工作与任务制订出本年度的工作计划，制订计划时根据 SMART 原则，且这个计划承诺需要根据结果、执行以及团队三个原则来制订。

　　PBC 的结果对员工来说非常重要，涉及薪酬、奖金以及晋升。PBC 的考核不是在年末的时候进行统一评价，而是在执行过程中不断地进行持续反馈以及指导。PBC 的考核根据员工自评、上级直属领导评价以及关键时间的记录来为员工进行综合评价，结合 PBC 计划和实际执行情况对比，做出基本测评。另外应用 360 度测评方法，就员工的表现搜集客户、同事、下级对员工的评价，作为绩效参考，其他包括高级主管面谈及员工意见调查也会作为

## 第4章 通证化激励与企业组织管理

参考。

绩效考评结果出炉之后，直属领导会根据员工的考评结果与员工进行绩效面谈，对上一年的表现进行回顾，找出做得比较好的点和不好的点，用记录下的关键事件与员工进行核对，用事实说话。同时直属领导也要聆听员工内心的想法，给予员工充分的解释机会并一起探讨找到解决办法，这样也能够让员工更清楚自身目标的达成情况，从而对绩效考核的过程和结果能够更好地理解和消化。

PBC在一定程度上解决了传统的KPI考核等方式存在的目标与结果偏差较大的问题，这一问题，突出表现为以下几点优势。

- 专注于业务的完成，将重点放在目标与业务的紧密结合上。
- 计划绝非一成不变。员工通过与上级领导的协商，不断修正、完善个人计划。
- 员工自我制订目标时会找到较为适合自己的方式，从而探索更有挑战性的目标。

当然，PBC也如同其他目标管理和考核方法一样，存在着局限性。

- PBC考核中，同样存在指标的量化及评判的客观性问题，会出现主管领导对员工有隐形的态度区分，没有办法做到一碗水端平。
- 在执行PBC的过程中，对直属领导的要求很高，不仅要求其在平日工作中对员工的关键事件能够观察记录，而且还对其沟通能力、随时随地的绩效辅导能力有所要求。也就是说，PBC的应用同样存在实施门槛较高、实施成本较大的问题。

## 4.1.6 阿米巴经营

阿米巴经营就是以各个阿米巴的领导为核心，让其自行制订各自的计划，并依靠全体成员的智慧和努力来完成目标。通过这种做法，让第一线的每一位员工都能成为主角，主动参与经营，进而实现"全员参与经营"。

1. 阿米巴经营简介

1959年，出生于日本的著名企业家稻盛和夫在几位朋友的好心帮助下成立了京瓷公司，又在1984年成立了第二电信公司KDDI。这两家公司一直保持了高收益，取得了持续发展，其原因就在于采取了基于牢固的经营哲学和精细的部门独立核算管理，即被称为"阿米巴经营"的经营手法。

阿米巴（Amoeba）在拉丁语中是单个原生体的意思，属原生动物变形虫科，虫体赤裸而柔软，其身体可以向各个方向伸出伪足，使形体变化不定，故而得名变形虫。变形虫最大的特性是能够随外界环境的变化而变化，不断地进行自我调整来适应所面临的生存环境。这种生物由于其极强的适应能力，在地球上存在了几十亿年，是地球上最古老、最具生命力和延续性的生物体。

在阿米巴经营方式下，企业组织也可以随着外部环境变化而

## 第4章 通证化激励与企业组织管理

不断"变形",调整到最佳状态,即能适应市场变化的灵活组织。

京瓷公司经历了4次全球性的经济危机都屹立不倒,并且还得到了持续发展。20世纪90年代末期,亚洲金融风暴过后,日本很多大公司都出现问题,原本名不见经传的京瓷公司成为东京证券交易所市值最高的公司。专家学者们纷纷开始研究京瓷公司,后来发现京瓷的经营方式与"阿米巴虫"的群体行为方式非常类似,于是称之为"阿米巴经营"。

阿米巴经营模式的本质是一种量化的赋权管理模式。阿米巴经营模式与"经营哲学""经营会计"相互支撑,是一种完整的经营管理模式,是企业系统竞争力的体现。阿米巴经营模式的本质就是"量化分权",推行时应该遵循基本的规律,由上到下,由大到小,分层逐步推进。

2. 阿米巴经营的应用

阿米巴经营模式的应用,主要是达成以下主要目的。

(1) 确立各个与市场有直接联系的部门的核算制度

公司经营的原理和原则是"追求销售额最大化和经费最小化"。在阿米巴经营的模式中,为了在全公司实践这一原则,就要把组织划分成小的单元,采取能够及时应对市场变化的部门核算管理。

(2) 培养具有经营意识的人才

经营权下放之后,各个小单元的领导会树立起"自己也是一名经营者"的意识,进而萌生作为经营者的责任感,尽可能地努力提升业绩。这样一来,大家就会从作为员工的"被动"立场转化到作为领导的"主动"立场。这种立场的转变正是树立经营者意识的开端,于是这些领导中开始不断涌现与稻盛和夫这样的企业家一样的能够一同承担经营责任的经营伙伴。

(3)实现全员参与的经营

如果每一名员工都能在各自的工作岗位为自己的阿米巴甚至为公司整体做出贡献,如果阿米巴领导及其成员自己制订目标并为实现这一目标而感到工作的意义,那么全体员工就能够在工作中找到乐趣和价值,并努力工作。经营者要激励全体员工为了公司的发展而齐心协力地参与经营,在工作中感受人生的意义和成功的喜悦,实现"全员参与的经营"。

阿米巴经营模式的核心,还是以调动组织成员个体的积极性为出发点,以最大化地实现组织目标为最终追求,本质上它是一种实现目标管理的宏观哲学思想,具有很强的思想性和指导性。具体而言,该模式具有以下优势。

• 提高员工参与经营的积极性,增强员工的动力,为企业快速培养人才。

• 小集体是一种使效率得到彻底检验的系统,能够将"销售额最大化、经费最小化"的经营原则在企业内部彻底贯彻。

• 企业领导人能够时刻掌握企业经营的实际状况,及时做出正确决策,降低企业经营的风险。

• 把大企业转化成小单元经营,能够让企业保持大企业规模

## 第4章 通证化激励与企业组织管理

优势的同时,具备小企业的灵活性。现在很多企业的事业部制、分公司制,其实体现的都是同一思想。

• 组织能够灵活地应对市场环境变化而迅速调整,得以在竞争中立于不败之地。

当然,阿米巴经营模式在真正应用过程中,也会存在这样那样的问题和局限,集中表现为以下几个方面。

• 阿米巴经营模式根植于日本的规则意识文化,但是在不同的现实境遇下,如何全面地贯彻和执行,具有许多不可控的因素和障碍。

• 阿米巴经营需要将财务、经营等全部核心数据全面透明下放,在规则、契约意识不强的情况下,很容易导致"军阀"林立,不但不能最大化实现企业的战略目标,还有可能分化、削弱企业的凝聚力,这是尤其需要注意的地方。

• 阿米巴经营的实施参与者必须十分熟悉整套方法论,全员都深入领悟这套方法论,是对一个组织成员素质的挑战。

• 阿米巴经营理念贯彻,以及后续涉及的授权、量化等,实施起来困难大、障碍多,操作复杂,实施成本还是比较高的。

综上所述,目标管理是企业经营管理中非常重要的一项任务,目标管理实施的好坏,直接关系到组织目标的实现和组织的可持续发展。基于目标管理的思想,在企业管理实践中形成了许多具体的目标管理的方法、模式和工具,都具有很强的操作性,但也都具有一定的局限性。例如KPI方法中,没有被列入目标的工作易受到忽视，会影响整个组织管理工作的效率和效益；在目标的实现过程中，也往往会由于片面强调个人目标的完成，而忽视各项工作之间的有机联系；有些目标可能无法有效地进行分解和落实；有时奖惩不一定都能和目标成果相配合，也很难保证公正性，从而削弱了目标管理的效果。更进一步的 OKR、PBC 以及阿米巴经营，更多地开始转变成一种更为宏观的指导思想和原则，试图弥补目标管理过程中所需要的灵活性、个体的动力意愿的激发以及组织成员协同配合的重要性，但又使得其可操作性有所降低，在现实的企业管理实践中，往往会因为执行不到位，而出现一系列不良后果。

通证化激励要尽量吸纳兼容这些经典的目标管理思想、模式和方法的优点，规避其劣势，并保持其操作的灵活性和简单化。

## 4.2 通证化激励是对传统目标管理方法的继承与兼容

通证化激励，既是一套激励的方法和工具体系，又是一套实现目标管理的有效措施，它把组织成员激励和组织目标通过"一分两证钩权献"统一了起来。在通证化激励体系中，"一分两证"一边标示目标实现的量化值，一边标示可获取的激励价值。这就使得通证化激励又自然地成为一种有效的目标管理方法和工具。

第4章 通证化激励与企业组织管理

## 4.2.1 继承并优化目标量化管理的思想

在上一节梳理目标管理的思想和方法时，不难发现，量化是目标管理中的一个重要思想和方法，它体现在所有的目标管理方法和工具中，无论是KPI、平衡计分卡，还是OKR、PBC，这些目标管理的方法都强调了量化的重要性。

在通证化激励体系中，数值化是其显著的特征，通过"一分两证"将组织成员按组织目标所创造的在多个维度（工作业绩、工作协作、忠诚度、业务创新、企业文化、价值观等）的价值都进行了数值化的标示，完全遵循和继承了目标管理思想的基本要求。

而且在这种数值化的过程中，不仅体现了KPI要求的二八原理，还体现了平衡计分卡要求的多维度平衡原则，而且还对其中存在的弊端进行了规避。在通证化激励体系中，通过对不同工作行为和结果赋予有差别的功分分值，这样既体现对全过程目标的关注，也体现符合二八原理的关键行为，因为关键的结果，会获取更高的分值，这本身就是对关键目标的一种引领和强调。在平衡计分卡中，强调既关注当下的指标，还要关注未来的指标，因此将指标分为四个方面进行平衡考核。在通证化激励体系中，用"一分两证"分别标示了不同维度和层面的价值，体现了对多维度目标和价值的引领和认可。

与此同时，通证化激励不仅仅是对KPI、平衡计分卡等方法关于多维度平衡量化的继承，还有效地规避了其中的一些弊端。例如，无论是 KPI 还是平衡计分卡，在日常的管理实践中，将它们应用于目标的考核（至少在大多数情况下，从员工的角度是这么认为的），就不可避免地造成管理者和被管理者之间的立场上的对立、利益上的博弈。这种对立和博弈，对目标的达成实际上是会起阻碍作用的，尤其是考核结果不好的时候。而通证化激励很好地规避了这一点，它通过"一分两证"巧妙地将考核转化成了激励，将考核和激励进行了有机的统一。从组织成员的角度来看，每一次得到功分或喜证、天证，在其感知上都是一种收获，即是一种激励。这就改变了管理者和被管理者在管理实践中的关系，形成一种正向合作的和谐关系。

另外，在通证化激励体系中，代表组织成员工作算力证明的功分，既可以在当期使用，也可以累积使用，永不清零。这就使得它具有持续发挥激励效果的作用，组织成员每获得一个功分，既可能帮助其在月度排名中占得先机，获得权益奖励，也可能帮助其在多年后的累计功分排名中领先。这种累积使用机制，使每一分的获取，不仅是对当前行为的激励，还代表着未来累积的权益，所以可以起到既激励当前又激励后续的作用。这不同于 KPI 考核，当考核结果一旦落定，之前的结果数值就没有任何意义了，一切又都从头开始。这弥补了 KPI 的不足，也更加符合目标管理的理论要求。这种既按当前周期使用功分，又长期累积使用功分且使用排名不用数量绝对值的机制，既能让做出成绩的人当前不吃亏，也使功臣无法永远躺在功劳簿上，一旦懈怠，他的后续功分和累积功分就会落后。

更为重要的是，传统关于绩效考核的方法，都是一种事后的反馈，这种反馈的实时性较弱，使得其激励效果大打折扣，进一步又影响了组织成员的工作状态和目标的达成。而在通证化激励中，所有的代表行为及结果价值的功分、喜证、天证，都是一经触发，立即获取，这使得其成为一种实时的反馈信号，或及时给予认可，或及时给予纠正，帮助组织成员始终走在一条清晰而正确的轨道上。

### 4.2.2 继承并优化目标协同管理的思想

在目标管理的思想方法体系中，非常强调目标要通过分解、分工系统来达成。尤其是 OKR 和 PBC，都强调目标在团队中的横向共享与协同，从而确保大家力往一处使，共同聚焦于一个统一方向上的目标的达成。

在通证化激励体系中，专门设计了喜证，用于润滑点对点协作时的关系，降低点对点合作的摩擦，从而推动协同目标的达成。当组织成员相互之间发生了协作行为时，一方面，管理者会实时给予功分的奖励，以鼓励其协作行为；同时协作的双方也可以彼此利用喜证对对方提供协助表示赞赏。除此之外，在通证化激励体系中，基于通证 SAAS 系统平台，通过排行榜、功分可视化数据等方式，更好地体现了 OKR、PBC 提倡的通过目标共享、沟通和团队协作实现目标的思想。这样一来，让目标协同实现既有了落实的抓手——喜证，又提供了统一的目标共享工具平台，提高了目标共享的效率。

通证化激励中促进目标协同的优势还在于，它是通过激励的方式促进目标的协同与达成，而非传统管理实践中，需要靠组织成员主动的意识和自觉，更需要靠管理者的驱动和要求。在通证化激励体系中，只要做出协作的行为和结果，都将获得功分或喜证的奖励，这种激励机制，为组织成员通过协同达成目标提供了持续的动力，促使组织成员养成积极协作的意识和习惯，不再是被动应付。

### 4.2.3 继承并优化激活个体的目标管理思想

在目标管理的思想和原则中，十分强调组织中的每一个个体对促成目标实现的作用。例如，要求在设置目标时，要体现自下而上的民主参与，体现个体目标与组织目标的统一。阿米巴经营模式，最为突出的特点就是激发所有组织成员的活力，实现全员经营。

实际上，以阿米巴经营模式为代表的目标管理思想的核心，是以人为中心，重视客户需求，充分调动每一个组织成员的动力去为客户创造价值，从而让自己也获得更大化的价值利益，变员工"为老板干"为"为自己干"。通证化激励充分囊括和体现了上述思想，在通证化激励体系中，组织成员所有行为的贡献都用代表各种权益的功分、喜证或天证进行标示，真正让组织成员感

## 第4章 通证化激励与企业组织管理

到"多干一点,就多得一点""一切都是在为自己干"。就像动车组列车一样,给每节车厢都装上动力之后,将极大地提高列车的速度,通证化激励为组织提供了一套让每个组织成员都装上动力源的抓手。

而且通证化激励这种方式,还规避了阿米巴经营模式在应用中的诸多问题,比如前文提到的对组织成员素质要求高、容易导致山头林立、操作实施难度大等。在通证化激励中,"一分两证"的操作规则明确,实施起来简单易操作,实施门槛比较低。这种方式也更能符合中国诸多中小企业人员素质参差不齐的实际。而且,通证化激励的权益设置与应用灵活,涉及财务等的主动权牢牢把握在企业手里,不至于会出现阿米巴经营那样的各自为政、山头林立的风险。通证化激励提供了一种简便的方式,以完美地融合阿米巴经营、人单合一、华为模式等先进的目标管理模式中所蕴含的核心理念。

通证化激励同样以一种简便易操作且充分体现价值的方式,激励组织成员在组织目标管理中的参与感。在通证化激励体系中,天证用于激励组织成员在多元价值维度上的贡献,其中有一类天证,是由组织成员自行发起设立的,以充分体现组织成员对组织事务的参与。各种天证(相当于勋章)的设立和授予,能够对组织成员的独特个性、突出贡献、创新成就等进行激励和展示,让组织成员获得除金钱之外的多元价值展示的空间,多角度提升了组织成员的存在感和参与感。这样有利于将组织目标和个体目标相统一，更好地激发组织成员与组织合作共生，以达成目标，实现自我成就和组织目标的双赢。

综上所述，通证化激励实现了人员激励与组织目标管理的统一，继承和优化了目标管理的重要思想和原则。通证化激励不仅提供了激励人的抓手，还提供了选拔人、要求人（目标管理）、评价考核人、培养人的抓手，实现了多效合一。更为重要的是，它将所有这些功效集中到"一分两证钩权献"的操作体系中，实施起来比较简便、容易上手，规避了OKR、PBC、阿米巴等方法操作起来比较困难复杂的问题。

## 4.3 通证化激励解决组织管理的四大难题

通证化激励是以激励为出发点解决组织管理中的目标有效达成问题的综合解决方案，如从组织管理实践的角度来看，它可以集中解决管理实践中的四大难题，即"工作效率低"的问题、"制度推进执行难"的问题、"员工利益分配难"的问题，以及"组织文化落实难"的问题。

本节将通过列举案例的方式，展示通证化激励是如何有效地解决各种场景下的管理顽疾的。每一类别的问题下，都将列举若干个问题场景分析及通证化解决思路案例，外加一个效果示例案例（即已落地取得真实效果的案例）。这些案例，基本囊括了企业组织日常管理中比较棘手的问题场景，相信会为各位读者带来启示。

## 4.3.1 解决"工作效率低"的问题

管理的本质是追求效率,效率和效果是组织赖以生存和发展的关键。然而,工作效率低始终是管理实践中的头等难题。尤其是在企业组织中,所有的管理者都想让员工一个人顶两个人用,但是没有合适的激励抓手,最后还是要事事自己盯,员工不满意,管理者也累得够呛。

更为突出的问题是,企业的效率本应当在人员规模扩大时相应提高,但现实情况往往是,人越多,相互依赖、扯皮的现象越严重,反倒在一定程度上降低了单个人员的工作效率。通证化激励体系所提供的方法和工具,为解决企业组织中广泛存在的"工作效率低下"问题提供了有效的抓手和工具。

下面我们通过若干场景案例,介绍通证化激励是如何解决此类问题的。

1. 场景分析案例

(1)案例一:销售老人不愿意带新人(见表4-1)

表4-1 销售老人不愿意带新人

| 场景描述 | 江西的汪总反映,他经营的是一家小家电代理公司,渠道和客户都要销售员去盯。原本只有几个业务人员的时候,干的还可以,后来扩大了销售队伍,他想让老人带领新人快速上手。但是没想到几个老销售人员都不积极,尤其是老赵,私下里还带头说,多一事不如少一事,完成了指标有空还不如去喝酒,何必教会了徒弟饿死了师傅,给自己培养一个竞争对手。一段时间下来,销售团队的整体业绩反而下滑了 |

续表

| 原因分析 | 老销售带新人不是硬性指标，全凭个人意愿，新人刚开始上手业务，很难创造额外的利润给双方激励，如果没有相应的激励措施，老员工自然就没有积极性 |
|---|---|
| 解决抓手 | 通证化激励——功分+天证+喜证 |
| 解决方案 | ·奖功分：在不增加额外开支的情况下，用功分对老员工做出激励，带出来一个新人，双方都能获得一定数量的功分奖励，如果有必要，还可以对老员工分阶段给分，接受带人时候给一次，出师时再给一次<br>·奖天证：带人最多的老员工是公司的优秀人才，从这个维度，公司可以设置独立的荣誉激励，比如5年内带出徒弟最多的老员工，就给一个"牛师"天证，以后在考核晋升管理层时，如果两个人业绩一样，那么就看谁的"牛师"天证等级高，有了这个权益，员工行为自然会有改变<br>·发喜证：喜证是员工之间互相奖励的凭证，有了这个工具，徒弟就可以给师傅发奖励，有了更多的沟通渠道，拿到喜证的师傅不仅可以要求公司兑换奖励，还有互相竞争的机制，拿不到喜证的老员工出于面子，也会主动申请带徒弟 |

（2）案例二：能少干就不多干（见表4-2）

表4-2 能少干就不多干

| 场景描述 | 江苏的穆总经营一家广告公司，经常要接一些施工项目，但是每个项目的执行，管理人员和员工都要拖到项目的最后才交活，有时候最后一天还要穆总在场监督才行，从来都不愿意提前完成，但因为干活的人少，也不可能罚款。如果员工能够稍微提高效率，每个项目早完成一两天，就能多接一些项目，提高收入 |
|---|---|
| 原因分析 | 缺乏有效的激励手段和机制，员工早完成一天，项目提成是不变的，当然没有动力去加班提升效率 |
| 解决抓手 | 通证化激励——功分 |
| 解决方案 | 引入通证化激励体系，除了项目提成外，还可以加入功分的激励：完成的早和完成的好，都能够增加额外的功分奖励；按期完成只有固定的功分；如果完成的质量差，拖工期，还会扣除功分。功分挂钩了月度、季度和年度的额外福利，这样干得快和干得慢，就有了明显的区别，愿意提升效率的员工有了实实在在的收益，就有了改变行为的意愿 |

## 第4章 通证化激励与企业组织管理

（3）案例三：员工进步跟不上业务发展，影响效率（见表4-3）

表4-3 员工进步跟不上业务发展，影响效率

| 场景描述 | 员工能力的提升就意味着企业效率的提升，青海的张总每次跟员工开会都说，"你们要多学习，多培训，不光是为了企业发展，也是为了你们自己好。"为了督促员工，他花了大量费用请人来做业务技能培训，同时还给员工报了各种各样的提高班，智商情商逆商课程放在企业内网上，但员工要么不看，要么应付差事，公司白花了钱，还被员工认为是负担 |
|---|---|
| 原因分析 | 员工提升的动力来自能使用和得到收益，比如学了英语，就能参与国外的项目；学了技术，就能挣技术工资。但是如果没有即时的收益，单纯靠督促和自觉，是违背人性的 |
| 解决抓手 | 通证化激励——功分+天证 |
| 解决方案 | ·奖功分：企业要做的，不是强迫员工学习，而是把企业需要的技能列出来，同时配合相应的功分奖励。例如员工掌握了英语、办公软件、演讲等技能，就可以给他加上特长功分，这样员工才能体会到学习和提升的显性回报<br>·奖天证：对于企业重视的技能设置相应的天证，通过持有的成绩证明，或一定的标准进行考核评比，公认水平最高的，就可以获得该项技能天证。一方面，企业通过技能天证的持有数量，掌握了企业员工的能力；另一方面，可以给持有重要天证的员工一些荣誉和物质激励。有了目标和激励，员工才会有行动 |

（4）案例四：老板在与不在员工表现两个样（见表4-4）

表4-4 老板在与不在员工表现两个样

| 场景描述 | 江苏的赵总说，"我的员工总是跟我打游击战，老是把我当敌人，当面一套，背后一套。我只要看着他们，他们就能好好干；如果我不在，他们肯定就各种偷懒。我说了多少次，罚款也不管用。"<br>而与员工交流的时候，却是另一种声音，"赵总根本就不体谅我们，我们干活的时候他就装看不见，整天说公司一家人，却总是批评我们，还克扣工资，反正他看不见的时候都会当我们在偷懒，还不如就休息。" |
|---|---|
| 原因分析 | 由于公司的激励体系对高效率的工作没有区别奖励，只靠老板和管理者的两只眼睛，必然会有看不到的地方。员工的积极行为没有得到奖励，负向行为却被惩罚，难免会有怨气，从而影响工作效率 |
| 解决抓手 | 通证化激励——功分 |
| 解决方案 | 奖功分：对员工的积极行为及时用功分激励，即便是没有看到的行为，只要员工提出申请，也可以给予功分的激励。发现了员工的负面行为，只要不涉及直接损失的，都尽量采用功分的扣除来实施惩罚，避免员工产生抵触情绪，认为老板就是为了扣钱在挑毛病。这样不断反馈，不断强化，让员工的正向行为变成一种习惯，员工知道自己的行为被老板认可，自然就会主动提升工作效率 |

（5）案例五：小活如何做极致（见表4-5）

表4-5 小活如何做极致

| | |
|---|---|
| 场景描述 | 浙江的白总是一家加工企业的经营者。流水线上有一个很重要但是很乏味的工作，就是电路板质检。每一个产品在最后的组装前，都要对控制电路进行质检，否则成品出现问题，售后的成本是非常高的。去年，由于一个质检员的擅自离岗，一批产品全部退货，对这种大量加工生产的企业来说，利润本身就很少，当年造成了巨大的损失 |
| 原因分析 | 类似于质检、校对、安检之类的工作，都是技术含量不高，但是一旦出现问题就会影响巨大的工作种类。合格率高一点或者低一点，都跟工作人员的工资关系不大，所以很容易产生倦怠情绪 |
| 解决抓手 | 通证化激励——功分＋天证 |
| 解决方案 | ·用功分：对于这种事前防范类的工作，可以采用功分进行量化的奖励，例如每检查出来一个问题，都有功分奖励，做到即时反馈。同时，如果做到质检指标的提升，可以用高额的功分进行奖励，这样一来，质检工作的重要性就体现出来了，员工行为自然就会有积极的变化<br>·设天证：对于这类保障性的工作，无法用提成进行激励，就可以设置一个专门的安全天证，激励那些持续做出高质量质检的员工，挂钩出国旅游等权益，让他们感受公司的认可，同样有利于提高其工作效率和积极性 |

2. 效果示例案例：通证化激励在酒店管理中的效果（见表4-6）

表4-6 通证化激励在酒店管理中的效果

| | |
|---|---|
| 场景描述（使用前） | 南昌的赵总是一家快捷酒店的经营者，他最头疼的是楼层服务员的管理问题，尤其是打扫卫生，因为服务员一忙，就会选择忽视一些地方的清扫。管理人员也没有很好地贯彻检查制度，经常为了省事，就随便抽查几个房间。赵总曾经使用过扣工资、扣奖金的方式，但是一扣钱服务员就辞职了，服务反而更加跟不上。打扫卫生是服务员的本职工作，如果还要使用额外奖励的话，赵总又觉得自己当了冤大头 |
| 引入的抓手 | 功分＋天证 |

续表

| 场景描述（使用后） | 引入通证化激励后，对酒店的基层员工和管理人员进行考核，把服务结果挂钩功分。例如，员工每打扫出一个房间，都有加分；管理人员每检查一个房间，也都有加分；发现了卫生问题，也有扣分。把功分挂钩年底奖金，功分高的发两个月工资的奖金，功分低的只有半个月工资的奖金<br><br>由于服务和卫生是酒店的核心指标，所以赵总专门为房间卫生这个指标设置了一个卫生天证，如果某个楼层全年没有顾客投诉卫生问题，就给该楼层的服务员颁发一个卫生天证，持有该天证的员工，可以申请一个房间，请亲戚或朋友免费住，全年共有7天的额度 |
|---|---|
| 效果分析 | 原本楼层主管都是抽查房间，但是现在检查房间都与功分的奖励挂钩，就变成了所有房间都检查，从抽查变成了普查，检查制度执行得更彻底了。因为检查得越多，就能够得分越多，年底的奖金就更多<br><br>服务员的打扫也更积极认真，因为如果检查出卫生问题，就会有功分的扣除，到了年底，有两个楼层的服务员做到了无卫生投诉，于是赵总也兑现了承诺，给他们颁发了天证 |

3. 小结

总结起来，工作效率低下的问题主要是激励不足导致，而通证化激励通过功分、喜证和天证，对员工个人及其相互协同所做出的所有价值都及时予以标示和认可，并巧妙地给权益分配引入了竞争性因素，这能够不断调动每个人的积极性和原动力，不断推动组织成员想方设法努力完成工作任务，从而大大提升了工作效率，促进了组织目标的快速达成。

## 4.3.2 解决"制度推进执行难"的问题

管理制度化是企业组织发展的必经阶段，只有制度化的组织才具有可持续的发展动力。所以，很多组织都十分重视制度的建设和执行。尤其是组织规模不断壮大之后，制度化建设就更加迫在眉睫。组织规模变大后，团队小的时候喊一嗓子就能鼓动大家干劲十足地往前冲的情景再也没有了。于是，很多企业组织都会积极投入精力、投入资源，建制度、做管理。

但又一个现实是，企业设立了各种各样的制度，却只是形成了条文写在纸上、挂在墙上，并没有得到有效的执行。制度规定得事无巨细，员工觉得束手束脚很麻烦、很反感；制度规定得不细致，又流于形式，没有实质作用，达不到组织的期望。管用的制度主要靠罚款、扣钱来保障，因为不罚款、扣钱的制度没人在乎。扣钱的制度虽然唬人，现实中却往往不敢轻易执行，因为执行的人难为情、被执行的人不开心，只要不是太伤及底线的事，大家干脆睁只眼、闭只眼，你好我好大家好，制度被人情掩盖，也就成了摆设。

所以，很多事情定了流程、定了标准，但实际工作中大家还是按照约定俗成的习惯行事。到头来，最忙的人还是管理者，既要劳心，又要劳力，心力交瘁！通证化激励体系提供的方法和工具，为解决企业组织中广泛存在的"制度推进执行难"问题提供了有效的抓手和工具。

下面我们通过若干场景案例，介绍通证化激励是如何解决此类问题的。

## 第4章 通证化激励与企业组织管理

1. 场景分析案例

（1）案例一：执行不下去，再好的制度也没用（见表4-7）

表4-7 执行不下去，再好的制度也没用

| 场景描述 | 湖北的张总经营了一家销售导向的企业，公司做大了，想推进制度化管理，但由于销售人员都是公司的核心人员，除了业绩和提成，对其他制度根本不放在眼里。新的销售经理上任时，要求业务人员统计客户资料等数据，完善客户管理制度，结果几个老销售员都不响应，还拉拢其他销售员一起抵制。经理要统一罚款，结果引起一场争吵，最后逼得经理主动辞职，客户管理制度也没有继续推进了 |
|---|---|
| 原因分析 | 由于管理人员没有有效的管理抓手，导致原本是职责内的工作无法推进，就算有人想配合，一开始也没有相应的激励手段进行促成，导致制度成为一纸空文 |
| 解决抓手 | 通证化激励——功分+天证 |
| 解决方案 | ·用功分：给管理人员功分的奖扣授权，对积极执行制度的销售人员，按照管理人员的权限进行功分奖励，这样一来，就激励了配合工作的员工。得分高的员工获得利益时，就能够强化其配合制度的行为，同时，其他人看到相关利益，也会有改变行为的意愿，这样，抵制制度的人就失去了支持者<br>·设天证：对重要的公司制度，还可以设置单独的维度激励，例如客户资料收集、销售月报提交等，都可以加一个"信息情报王"天证，然后挂钩一些物质或荣誉等权利，专项强调和奖励，第一年有人拿到奖励后，其他人的行为也会受到影响 |

（2）案例二：小毛病怎么管（见表4-8）

表4-8 小毛病怎么管

| 场景描述 | 安徽的吴总说，公司的几个司机，都喜欢在车里抽烟，停车不规范，车辆的小磕小碰经常发生，修车费和罚款也是公司报账，一年下来也是一笔费用。对这种事情，吴总说多了自己也觉得很烦，扣钱又没法扣，因为司机本身挣钱不多，扣钱就有情绪，可能撂挑子走人，再换一个司机还是一样，吴总简直无计可施 |
|---|---|
| 原因分析 | 小的不良行为很难量化管理，就算制订了罚款制度，也很难真正每次执行，罚多了，还容易起反作用。如果仅是口头批评，管理者多费口舌，也起不到应有的作用 |
| 解决抓手 | 通证化激励——功分 |
| 解决方案 | 对司机的不良行为，不直接扣钱，而是采用扣功分的方式，就能够做到令行禁止，同时每次公布功分排名的时候，又能再一次强化扣分的印象。对司机来说，工资没有损伤，不至于马上甩手走人，同时也受到了警告，因为可能功分扣多了，年终奖和出国游就没了<br>同时，对主动改变行为的司机进行奖分，做出正面反馈。每次奖分都增加了获得喜证的机会，功分多了、排名靠前了就能获得奖励，用喜证参加乐透会也可能抽到奖品，在获得奖品福利并在乐透会展示时，好的行为再次得到强化，还能向其他人传达这个正向的信号 |

### （3）案例三：全员营销制度，怎么推进才好（见表4-9）

**表4-9　全员营销制度，怎么推进才好**

| | |
|---|---|
| 场景描述 | 西安的李总经营一家蛋糕店，马上到中秋节了，库存的月饼还有很多，所以他想在自己的公司里推进全员营销。但是大部分员工对此都没有什么反应，因为大家都觉得卖一盒月饼赚不了几块钱，李总很苦恼。最后李总为了清库存，一狠心定出了每人至少销售两盒的任务，不然就扣当月工资。大家为了不扣工资，每人自己掏钱买了两盒，但有两个员工坚持不买，最后辞职了。在这个事情之后，李总再也不想在公司里推行全员营销了 |
| 原因分析 | 全员营销对非销售人员来说，相当于临时的额外工作量，而且付出的是自己的亲戚、好友关系，得到的物质回报却没有那么多，自然不会用心去做 |
| 解决抓手 | 通证化激励——功分＋天证 |
| 解决方案 | ·用功分：对全员营销制度来说，对非销售部的员工，除了给予销售提成，还可以发放功分进行激励。因为功分挂钩的是年终的福利和奖金，比几盒月饼提成的激励效果大得多。如果员工不愿意执行，那么可以扣功分，而不是扣工资，这样员工的抵制情绪就不会那么大。采用功分的灵活奖扣，配合制度的推进，会更容易让员工接受<br>·设天证：销售业绩最突出的，或达到某个优秀的数值，可以设一个"销售天王"的天证，给予荣誉固化和展示，并挂钩一定权益 |

### （4）案例四：我把你当兄弟，你跟我讲制度（见表4-10）

**表4-10　我把你当兄弟，你跟我讲制度**

| | |
|---|---|
| 场景描述 | 段总是某保险公司的CEO，该公司业绩一直行业领先，公司规模也迅速扩大。但是，段总发现随着公司等级层次的提升，称兄道弟不再能成为支撑公司的管理模式，急需一套规范化的公司制度来维持公司的运转。但是，恰恰是一批原来的"老战友"，成了制度推进的最大障碍，他们说制度过于复杂。段总想通过罚款来建立制度威信，没想到第一个月就罚走了好几个老员工。建立制度是为了促进公司发展，但现在影响了业绩，段总陷入深深的焦虑 |
| 原因分析 | 建立和推进公司制度，是公司从小到大必经的过程，但增加制度和流程，是变相增加了员工的工作量，如果没有科学的方法，仅靠领导的威严和惩罚的方式硬推，很容易产生急刹车的反效果 |
| 解决抓手 | 通证化激励——功分＋天证 |
| 解决方案 | ·用功分：企业制度的推进，尤其是一些考勤和报销流程类的管理制度，可以结合功分的奖扣来执行。扣分的时候，没有直接造成员工的经济损失，员工的反对情绪不会太大，而是会把注意力放在奖扣分的行为上；同时，对于积极执行制度的，就可以多奖功分，慢慢培养员工对制度的适应<br>·设天证：在推进制度时，可以设置一些个性化的天证来配合，引导正面行为，而不是只打击负面行为。例如，对一年开会不迟到的员工，就可以发一个"守时标兵"天证，有这个天证就可以多有5天年假，这样一来，员工的行为就从抵制制度变成了去做符合制度的事情 |

2. 效果示例案例：中层管理者，不用一有事就"告老板"（见表 4-11）

表 4-11　中层管理者，不用一有事就"告老板"

| | |
|---|---|
| 场景描述（使用前） | 廊坊的白总最大的苦恼，就是自己的中层"不抗事"，本来是想分一部分工作出去，没想到中层事事都来请示，推行不下去的事也得自己出面，增加了更多的麻烦。而中层也有自己的苦：白总对公司人事管理做不到完全放手，有的员工是白总自己招的，除了他的话谁都不听，罚款罚少了不管用，罚多了员工找白总评理，最后就是各打五十大板，本来听话的员工变成了多干活吃亏的人，也慢慢变得不愿意执行中层的指令，恶性循环，最后还是变成白总一肩挑 |
| 引入的抓手 | 通证化激励——功分＋天证 |
| 场景描述（使用后） | 引入了通证化的激励体系后，白总把功分的发放完全授权给中层管理者，这样管理者就有了抓手，能够使用功分这个工具来对员工的行为进行反馈。<br>愿意配合的员工，就能够得到更多的功分的激励，在每个期末发放福利的时候，都能够得到更多的利益，执行制度的行为被有效强化。不配合工作的员工会被扣除功分，虽然自己的工资不会受到影响，但是看到别人都在领更高的奖金和福利，收入的差距会慢慢修正他的行为<br>同时，作为中层管理者，在天证的设计上，可以拥有一定的自主权，例如可以对年度最配合的员工发一个"行动力"天证。持有该天证的员工，就可以在同级的工资提升上占有优势，甚至可以跨级涨工资。这样一来，就会引导员工更加积极地配合管理人员的意愿 |
| 效果分析 | 管理人员有了功分这个工具，从激励制度上保证了总会有人愿意配合中层的管理，慢慢也就做到了能够独当一面，不会事事都来让白总协助推进<br>白总在考核管理人员时，也有了更多的参考指标，只要看这个管理人员经常在哪些方面发放功分，就能知道他的管理问题，也能够更好地指导中层的管理能力<br>除了功分的排名，天证的发放也体现了员工各个维度的能力，通过了解员工持有的天证类型，就知道哪些人的执行力更强，哪些人的沟通能力更强，从而在多维数据的指导下做到知人善任 |

3. 小结

总结起来，在传统制度化实践中，主要存在以下两个主要问题。

区块链之通证化激励与管理

- 制度是死的，事都是活的。在大多数中小企业里，制订了很多制度，但因为缺少落实制度的抓手，制度的监督执行成了难题。同时，制度是死的，现实情况都是活的，完全按制度执行则太僵化、死板，也扼杀员工的主观能动性。所以，在日常管理中主要还是靠情面、关系来"哄"员工。这样一来，制度往往就成了一纸空文，难以执行。

- 制度权威靠罚款，但大多数情况下不敢罚款。制度要彻底落实下去，有权威性，就需要有违反制度的惩戒，简单的批评、警告在中小企业组织中员工是不太在乎的，于是罚款就成了最直接、最能触动员工并引起其注意的方式。但是，所有人都不喜欢被罚款，罚款本来是为了矫正员工的行为，但往往矫正作用没多大，却增加了员工的一些负面情绪，影响其后续工作的积极性，使其工作动力越罚越弱，最终可能导致员工的辞职。中小企业的平台本身吸引力小，招人、用人都比较难，很多情况下都不敢按制度执行。

通证化激励主要通过以下方式解决了制度执行的难题。

- 功分给原有制度执行提供有效抓手。在通证化激励体系中，将制度与功分挂钩，功分与权益挂钩，利用功分可以对员工遵守或违反制度的行为做出实时、精准的信号反馈，给执行制度提供了一个有效的抓手。

- 功分还可以兼顾制度未覆盖的动态行为。对于制度还未规定的灰色地带，也可以利用功分实时地给予主动担责的员工以激励。

•用功分奖扣替代罚款。通证化激励将一切工作行为和表现进行通证化表示，不直接用金钱表示，但与切身权益挂钩。这样，无论是违反了什么制度，可以用扣分代替扣钱，这样既表达了管理者对错误行为的反馈，又不至于让员工有被扣钱"割肉"的直接痛感，更容易被接受，不会造成太大的负面情绪；同时，扣的分长期来看，是和员工的权益有关的，也能引起员工的重视，从而使其行为得以矫正。

•用喜证疏通制度执行中的协同配合问题。员工之间需要协同配合推进工作的，可以使用各自手中的喜证进行点对点的激励，润滑彼此之间的关系、减少内耗，促进整体执行力。

### 4.3.3 解决"员工利益分配难"的问题

在企业组织中，分配是其核心命题，利益分配机制决定了企业能否吸引到其所必需的人才。在中小企业管理中，薪酬、福利分配、晋升、培训等涉及利益的问题，一直都是非常棘手的问题。利益分配得好，会为企业带来持久的发展动力，利益分配得不好，会产生一系列问题，比如利益分配不均导致的员工之间的猜忌和嫉妒，不利于后续齐心协力的协作。

对中小型企业而言，由于其管理体系不成熟、不完善，没有大型企业那样的薪酬福利激励体系，涉及利益分配时，往往企业管理者在其中起到决定性作用，这难免会存在主观喜好和态度偏差带来的分配不公问题。例如，在2018年年底的新东方教育公司的年会上,该企业的员工就通过一个节目对身边广泛存在的"会干活的不如会写 PPT 的更容易获得认可和回报"的不公现象进行了揭露。通证化激励体系所提供的方法和工具,为解决企业组织中广泛存在的"员工利益分配难"问题提供了有效的抓手和工具。

下面我们通过若干场景案例,介绍通证化激励是如何解决此类问题的。

1. 场景分析案例

(1) 案例一:奖金发不好起了反作用(见表 4-12)

表 4-12 奖金发不好起了反作用

| | |
|---|---|
| 场景描述 | 山东的华总一到年底就发愁,以前公司小,年终奖发得少,大家都能体谅,但是现在公司做大了,大家就开始计较这些事情,总担心分配不公平。每年发完年终奖,都有人提意见,谁都觉得自己的贡献大,别人拿的不该比自己多,有的时候整晚都要接电话,安抚员工的情结,最后不得已,就只能发个"大锅饭"的奖金 |
| 原因分析 | 该公司没有科学的评价制度,导致发年终奖的时候没有标准,经营者一言堂的发放方式虽然效率高,但最后谁也不服,奖金没起到激励效果,却造成一大堆负面效果 |
| 解决抓手 | 通证化激励——功分 + 天证 |
| 解决方案 | ·用功分:功分作为日常行为和工作的累积记录,是量化员工贡献的重要依据,有了功分的排名为参考,年终奖的发放就有了基本的量化标准。每个部门之间,同级的岗位之间,可以用功分来进行对比,员工不用跟经营者掰扯,自己看功分排名就好<br>·设天证:如果需要有一些其他的参考标准,还可以用员工持有的天证来作为发放奖金的依据。如果是持有特殊贡献的天证,可以根据经营者的需求增加发放奖金的维度,这样发多发少都有依据,在透明和统一标准下执行,问题自然不会都集中到经营者这里 |

## 第4章 通证化激励与企业组织管理

（2）案例二：一个项目大家做，谁的贡献大（见表4-13）

表4-13 一个项目大家做，谁的贡献大

| | |
|---|---|
| 场景描述 | 四川的周总最近接了一个软件开发项目，组织了一个临时项目组，干了一个月拿到了项目回款，在分配上却犯了难。按理说，参与项目的人都出了力，按照负责的内容和工作量来分就行，但是大家都认为自己干得多，别人干得少，还有很多交叉的部分，既没有量化也没有标准，根本说不清到底谁有理。最后周总拍板说大家平分，几个核心工作人员私下说，出力不讨好，以后这种项目再也不干了 |
| 原因分析 | 临时的项目组，一般都没有很好的工具来量化工作内容，基本是靠组织者来掌握分配额度，但在缺乏标准的前提下，很容易产生分配不平衡的问题 |
| 解决抓手 | 通证化激励——功分+喜证 |
| 解决方案 | ·用功分：利用功分的发放，尽可能地做到体现每一个人的工作量。例如，计件的工作按数量发放，其他类型的工作可以按照工作时间和工作重要性发放。由于功分的发放不涉及具体的提成金额，所以有制度标准的按照制度标准来，没有制度标准的可以由组织者参考集体意见制订临时标准，这样一来，每个人的工作量就都被数值化了。项目奖金就按照每个人的数值占比进行发放，即便不太合理，也是大家共同制订的标准，更容易被接受<br>·用喜证：引入喜证，拿出最终提成的一定比例，专门奖励交叉协助的工作内容，项目组的人都可以持有一定数量的喜证，需要别人协助时，就可以给别人发放喜证。由此，付出更多额外工作量的人便能够得到有效的激励，这样就能促进合作的顺畅 |

（3）案例三：工作几年的老员工，别人多给钱就走了（见表4-14）

表4-14 工作几年的老员工，别人多给钱就走了

| | |
|---|---|
| 场景描述 | 南通的李总说，"老张跟着我干了5年，一起把公司从小做大，形成今天的规模实属不易。但是就因为其他的公司给的钱更多，他说走就走了。从普通的员工到经理，培养出来非常不容易，他这么一走，我这边好多项目一下子就慢下来，肯定要损失不少了。再培养一个这样的人，不知道要多长时间。我每年还请他和他家人吃饭，他怎么这么无情？" |
| 原因分析 | 在公司发展的过程中，高管更在意的是自己的收入结构和未来的预期是否更符合自己的贡献，而不是单纯的工资绝对值的增加。如果没有安全感和归属感，高管很容易就被更多的金钱激励所打动 |
| 解决抓手 | 通证化激励——功分+天证 |
| 解决方案 | ·用功分：通过功分的不断发放，建立长期的激励体系和归属感，工作了好几年的老员工，积累的功分不仅可以获得激励，同时也是一笔无形资产，代表了自己的工作贡献。从这个维度看，功分体系是绑定员工的有效工具<br>·设天证：通过天证，建立长期的激励体系，不同权益的天证可以代表股权、期权、分红权、买房买车补贴、商业保险等。每年都可以通过天证的发放，给老员工吃定心丸，帮助他们解除后顾之忧 |

207

**(4)案例四：福利和激励分不清，花钱还起反效果**（见表 4-15）

表 4-15　福利和激励分不清，花钱还起反效果

| | |
|---|---|
| 场景描述 | 郑州市的陈总自费百万带领全公司员工前往丽江游玩，包吃包住，让员工感受一下公司的激励，希望大家能够受到鼓舞加油干。结果一趟旅程下来，钱没少花，气也没少生，员工表面上感恩戴德，但是背地里的不悦之声早就传到了陈总耳中。业绩靠前的员工私下说："×××干得那么差，结果也和我一起去丽江。开心是开心，但是我应该有更好的待遇！"下属把情况反映给陈总后，陈总委屈地说："我拿钱带员工免费玩，给员工奖励，员工为什么就不知道感恩呢？" |
| 原因分析 | 对先进员工和落后员工的一视同仁，是激励的大忌，有对比、有区别才是激励员工的正确方式，福利则是公司对员工的人文关怀，两者有着本质的区别。所以，公司一定要建立科学的激励体系，把激励和福利明确分开 |
| 解决抓手 | 通证化激励——功分＋天证 |
| 解决方案 | ·用功分：通过业绩功分的排名来发放激励，排名靠前的员工才有旅游或者拿奖金的资格，这样才能激励员工更好地拿出劲头努力工作，也给落后的员工一定的压力<br>·设天证：如果是要激励业绩之外的贡献，例如最热心助人，在社会上为公司争得荣誉等行为，可以单独设立一个贡献天证，与业绩进行区分奖励，这样不同的正向行为都得到了激励，也不会有人有想法<br>·巧激励：企业发放福利也很重要，但要注意发放的方式，福利不是解决员工的生存问题，更重要的是要让其获得参与感和归属感，所以建议采用基于功分产生的喜证和乐透会的游戏化方式来进行 |

**2. 正面效果示例：小企业如何使用通证化激励体系解决涨工资问题**（见表 4-16）

表 4-16　小企业如何使用通证化激励体系解决涨工资问题

| | |
|---|---|
| 场景描述（使用前） | 宁波市的吕总往年最怕与员工谈涨工资，因为自己的公司不大，没有复杂的薪酬管理软件，每次涨工资就是自己拍脑袋决定。但是往往给一个人涨了工资，就会引起其他人的不满，有的涨有的没涨，涨多涨少，都是麻烦，员工之间也会互相通气和比较，最后结果是吕总给了钱，还起不到正向激励作用 |
| 引入的抓手 | 通证化激励——功分＋天证 |

## 第4章　通证化激励与企业组织管理

续表

| | |
|---|---|
| 场景描述<br>（使用后） | 今年引入了通证化激励后，吕总给员工涨工资的时候，再也不怕员工会来找说法了。6月份的时候，吕总给销售部的小李和老陈都涨了1000元工资。虽然小李的业绩更好一些，功分更高，但是他也没有表达出不满，因为老陈干满了三年，有一个老员工天证，正好补足了两人涨工资的差距。因为吕总一方面参考了功分的依据，另一方面兑现了老员工天证的承诺，大家反而觉得他言出必行，在公司更加有奔头了 |
| 效果分析 | 通过通证化的激励体系，吕总建立了一套简单易行的量化激励方法，不仅可以通过功分了解哪个员工的业绩更好，还可以通过天证建立多维的衡量标准，在员工之间创造有效的平衡<br>有了这套标准体系的建立，吕总更加了解自己的员工数据，发放激励的时候也有了具体和透明的依据，避免了员工和他之间的博弈 |

### 3. 小结

总结起来，在以往的利益分配实践中，主要存在的问题是分配缺乏客观依据，多要依赖于管理者的主观判断，这为一些徇私舞弊提供了操作的空间，所以往往会引起广泛的猜忌和怀疑，让员工产生一种不公平感。当大家都感到无公平可言时，积极性和主观能动性都受到打击，从而产生消极情绪，最终损害企业的效率和效能。

通证化激励体系将员工的一切行为过程和结果，都通过功分、喜证和天证这样的工具和符号，进行了全流程的数值化记录，这使得分配有客观可参照的价值尺度和依据。而且基于通证SAAS系统平台的数据挖掘与分析功能，还能够甄别出"一分两证"发放中可能存在的徇私舞弊问题，从而使得分配有了公平的机制和保障，让按劳分配、按价值贡献分配真正成为可执行、可落地的现实，有效地解决了以往分配中存在的种种难题。

### 4.3.4 解决"组织文化落实难"的问题

企业文化建设本来是希望从根本上培养员工树立正确的三观，引导员工正向做人，从而为正向做事奠定良好的基础。但是，大多数企业在大多数情况下，企业文化缺少落地的实效措施，干脆就只管员工绩效，不管员工做人，因为似乎也管不了，毕竟只有工作是发生在企业工作场景里的，做人方面的事情似乎已经超出了企业所能顾及的范围。可是，如果员工没有好的品行、价值观，如何做好事呢？

在不少企业中，业务人员在利益诱惑下因不良文化氛围侵蚀而弄虚作假、贪污腐败的问题屡见不鲜，比如里应外合损害企业利益、私下收受供应商的回扣，等等。这种源于文化价值观的问题对企业的损害是致命的，将使企业陷入懒、散、慢、腐的境地，直至企业被掏空、一败涂地。企业文化宣扬的"认真、诚信的人不吃亏"如何真正实现？如何杜绝徇私舞弊吃回扣等潜规则？

显然，企业文化建设越来越重要，越来越多的企业都极其重视企业文化建设，都设立了专门的部门或岗位抓企业文化建设。

然而，很多企业的企业文化建设长期存在只有形式没有实效的问题，企业设立专门的部门抓文化建设，花高价钱请咨询专家做文化引导培训，办内刊做企业文化宣导……但是，花了不少力气，效果并不好，最后都是酒文化、面子文化、圈子文化、马屁文化——老板与员工相互不信任，在员工眼里就是"画饼大王""忽

## 第4章 通证化激励与企业组织管理

悠大王";员工之间互相钩心斗角,表面和谐暗里使绊子;层层报喜不报忧,隐患问题被合谋掩盖……通证化激励体系所提供的方法和工具,为解决企业组织中广泛存在的"企业文化落实难"问题提供了有效的抓手和工具。

下面我们通过若干场景案例,介绍通证化激励是如何解决此类问题的。

1. 场景分析案例

(1)案例一:如何杜绝业务人员"吃拿卡要"的歪风邪气(见表4-17)

表4-17 如何杜绝业务人员"吃拿卡要"的歪风邪气

| | |
|---|---|
| 场景描述 | 李总是好几个大品牌的独家代理商,最近他发现,自己的几个业务员刻意压货不出,问起来,业务员说分销商仓库满了。后来经过自己走访了解,实际情况是,这几个业务员是在等分销商的"孝敬",等红包到位了再出货,而且红包给得越多,拿到的政策越好。李总很生气,当月就开除了那几个业务员。但是这件事让他开始担忧,员工都这样做事情,企业迟早被毁掉 |
| 原因分析 | 企业规模大,很多岗位都会有吃拿卡要的机会,尤其是销售、采购等一些对外合作的部门。所有的企业都对贪腐问题有重罚,但是依然屡禁不止,就是因为有堵没疏,对正向的行为没有鼓励 |
| 解决抓手 | 通证化激励——功分+天证 |
| 解决方案 | ·用功分:使用功分对员工的廉洁行为进行奖励,凡是主动拒绝行贿,或者是上交红包和礼品的员工,都有高额的功分奖励,这样员工功分的排名奖励更高,更安心。只要发现私收红包的行为,无论金额大小,都会被高额扣分甚至劝退。员工在权衡之下,自然会做出正确的选择<br>·设天证:对当月上交礼品和红包最多的员工,还可以单独设置一个"廉洁天使"天证。拿到这个天证的员工,就可以拿到企业整体收缴红包总额的一定比例,这样一来,员工的正向行为就得到了强化。获得"廉洁天使"天证的员工,相当于获得了企业给的人品背书,无论是内部升迁还是另谋高就,都是伴随员工终生的荣誉 |

211

（2）案例二：如何克服老板的喜好偏差（见表4-18）

表4-18　如何克服老板的喜好偏差

| | |
|---|---|
| 场景描述 | 成都的张总经营的是一家软件公司，工程师是公司最重要的人才，张总自己也是工程师出身，所以会不自觉地把关注重点放在产品开发部门，只要是发放福利和奖品，这个部门分得总是最多的。久而久之，其他部门的员工都有了多多少少的不满情绪，大家私下都说，既然张总这么偏心，干脆其他部门别要了。这样一来，其他部门与产品开发部配合的时候，效率也打了不少折扣，产品开发部门的员工也很苦恼 |
| 原因分析 | 每一个企业都有核心部门，但并不是核心部门独立就能够完成企业的战略目标，一味重视直接创造利润的部门，企业也很难做到规模化的发展 |
| 解决抓手 | 通证化激励——功分＋喜证 |
| 解决方案 | ·用功分：使用功分作为激励发放的标准，功分的排名是公开的，一般来说，企业的核心部门都是功分获得更多的部门。如果想重点激励核心部门，就可以使用总体的功分排名；如果想激励整体，就分部门排名激励，这样不同维度的筛选就可以让整个公司的员工都没有意见<br>·用喜证：在维护核心部门和其他部门的关系时，员工之间可以互相发放喜证，并要求必须是奖励给其他部门的人员，这样部门之间的沟通就有了更好的润滑剂，部门之间的配合也会更好 |

（3）案例三：员工如何做人，公司要不要管（见表4-19）

表4-19　员工如何做人，公司要不要管

| | |
|---|---|
| 场景描述 | 前段时间，抚顺刘总的公司后勤部门的A与婆婆大战两次，影响到工作，曾两次因孩子无人照料一两周无法上班。A的上级、女领导D曾上门调解，在调解过程中，D被A气得哆嗦。A竟然指着婆婆的鼻子口出恶语，还歪理频出。比如她说："我婆婆在农村待惯了，进城看孩子待久了闷得慌，就想带孩子回老家，那怎么行，我还想孩子呢？因此我就治她，和她打了两次架后她好多了，她知道我没那么好欺负。"虽然A平常工作表现还过得去，但D一直纠结该不该换掉这样不懂感恩的员工 |
| 原因分析 | 以传统的喊口号、搞拓展的方式让员工体会感恩，往往是感动了一时，三天过后就没有效果了，不仅花了钱，还会被认为是奇葩企业文化，没有反馈的行为是无法持久的 |
| 解决抓手 | 通证化激励——功分 |
| 解决方案 | 尝试使用功分的激励来引导员工行为，如果员工能够承诺做出一些有助于家庭和谐的行为，例如节假日回家探望父母，经常给父母打电话，带父母体检等，都可以获得一定的功分奖励。这些行为不需要检查，因为功分的发放是没有成本的，所以只要起到激发引导作用就足够了。长期坚持下来，相信家庭也会更加和睦，反过来又会让员工更加安心工作<br>对于不理解员工的家庭成员，可以让员工带其家人来参加公司的乐透会，参加到抽奖的环节中，帮助员工的家人理解公司和员工的工作，使他们能够给员工更多支持 |

## 第 4 章 通证化激励与企业组织管理

（4）案例四：怎样培养员工的主人翁意识（见表 4-20）

表 4-20　怎样培养员工的主人翁意识

| | |
|---|---|
| 场景描述 | 沈总想在自己的公司培养一种有责任担当的企业文化，于是就推行了一个"人人都是企业主人翁"的活动，并鼓励大家踊跃给公司提建议。但是执行了一段时间，发现员工慢慢就开始敷衍了事，要么不提建议，要么就是写一些没有实际意义的建议。私下一问才知道，员工们都觉得提建议是分外之事，提了又没好处，提了建议后也没有看到沈总有及时反馈，觉得沈总不是真心想让员工参与建设，慢慢也就不愿意再多事了 |
| 原因分析 | 提建议是需要员工付出心力的，如果没有好的激励机制配合，员工当然不愿意多操心 |
| 解决抓手 | 通证化激励——功分 + 天证 |
| 解决方案 | ·用功分：首先，要对员工提建议的行为做出反馈和激励，只要是愿意提建议的人，都有功分奖励，建议提得好的，还有加倍的功分奖励，功分多了喜证就多，排名奖励就大，这样，员工的付出就有了实实在在的回报，提建议的行为也会慢慢成为企业文化的一部分<br>·设天证：引导员工把自己认为有担当的行为，定义成一些有趣的天证，如"诸葛妙计"天证，并由员工自己制订奖励规则和标准，如果得到老板认可，就可以拿出实际的权益，在公司推广实施，这样，员工的参与感就得到了极大的鼓励，会自发地形成有担当的企业文化 |

（5）案例五：员工之间的良好协作，能够有效提升企业的整体效率（见表 4-21）

表 4-21　员工之间的良好协作，能够有效提升企业的整体效率

| | |
|---|---|
| 场景描述 | 小苏是一家民营公司的设计员，业务能力很优秀，因为专业的关系，对 PPT 很在行，每次汇报工作的时候，他做的 PPT 都会受到老板的表扬，老板还号召大家都向小苏学习。后来，经常有同事请小苏帮忙传授 PPT 的排版方法，或者直接请小苏给自己的汇报 PPT 排版，由此也确实提升了沟通和汇报的效率。但是随着要求帮助其排版的人越来越多，逐渐挤占了小苏的私人时间和工作时间，小苏是个内向的人，平时很少主动要求别人帮忙，也不怎么会拒绝别人，帮谁不帮谁，都让他很为难。而且这些设计的工作，都是要付出劳动和时间的，但是除了一句"谢谢"，基本没有什么回报，时间一长，这些事情慢慢变成了他的一种负担和压力。他求助了领导，但是领导认为这是员工之间的小问题，没有太放在心上。结果，小苏在 1 个月后选择了辞职 |

213

续表

| | |
|---|---|
| 原因分析 | 同事之间的协作和帮忙,有很多是不属于员工的本职工作范围内的事情,虽然在客观上促进了公司的整体实力和发展,但由于没有奖励机制,员工没办法要求物质回报。再者,有很多人不善于处理人际关系,不知道怎么主动请求或者拒绝帮助和协作,导致自己在公司工作的压力很大,要不就是自己忍着做老好人,要不就是搞得自己看起来很清高。公司领导对这种员工之间协作的行为,也不好管理,最多就是安抚一下 |
| 解决抓手 | 通证化激励——喜证 |
| 解决方案 | 引入喜证作为协作和帮忙的工具,一方面解决了员工付出的回报问题,员工在帮助了别人后,根据帮忙的内容,能够获得不同数量的喜证,通过喜证参与抽奖和拍卖,可以获得奖品激励。这样在一定程度上,员工能够获得精神和物质回报,同时也获得公司的认可,员工在协作上就有了更多的动力<br>另一方面,喜证同时解决了公司内部协作和交流的工具问题,提升企业的整体效率。当员工想请别人帮忙的时候,就可以通过多挣功分获得喜证,使用喜证作为回报凭证,不用增加自己的成本,也不会因为"面子薄"而开不了口,导致工作上的问题。喜证的使用,增加了企业员工之间协作的工具,尤其对缺乏激励手段的企业基层员工,增加了协作和沟通的抓手 |

### 2. 效果示例案例:抢着多干活也能成文化(见表4-22)

表4-22 抢着多干活也能成文化

| | |
|---|---|
| 场景描述<br>(使用前) | 何总的公司每个节假日都要在商场做活动,所以经常在周五下班后,销售主管都要组织公司行政和后勤人员帮忙去商场布展。因为不是本职工作,一两次帮忙还好,时间长了大家就都各种推脱,不是接孩子,就是身体不舒服。原本六七个人一个小时就能干完的事,变成主管和促销员两个人忙一晚上,第二天做活动精神不好,效果就很差。主管每次开会都号召大家有一些奉献精神,有一些团队精神,但说了几次后自己烦了,大家也疲了,还是没什么人响应 |
| 引入的抓手 | 通证化激励——功分+喜证 |
| 场景描述<br>(使用后) | 引入了通证化激励后,销售主管可以使用功分来对帮忙的员工进行激励,只要是主动申请来帮忙布展的,都有加分,如果人少,帮忙的人还有双倍加分<br>同时,促销员也可以用喜证来感谢前来帮忙的人,拿到喜证的员工,也可以在月底兑换公司的福利 |
| 效果分析 | 实施了有效的激励措施后,原本人人都推脱的工作,因为有功分和喜证,现在都抢着干,周五布展成了需要排队才能干的活。随着功分奖励的范围延伸,还有人主动申请参加周日的促销活动,帮助公司销售,产品的销售量有了明显的提升 |

## 第4章 通证化激励与企业组织管理

3. 小结

总体而言，在以往的企业文化建设中，主要是通过培训、宣导来引导员工、感化员工，同时，借助严厉的"秋后算账"式的惩罚措施，来解决文化价值观的问题。这存在以下问题。

• 重宣导，轻贯彻，难落地。企业文化价值观的践行，最终要体现到员工的行为上，但是在大多数的公司，企业文化只是人力资源部宣讲的 PPT 以及挂在企业办公室墙面上的口号，没法真正贯彻落实，也没有好的贯彻落实的办法。所以，企业文化就显得很虚很空，没有人对其重视。正是因为贯彻难、落实难，有些企业干脆放弃对员工"做人"方面的要求，只要业绩过得去，其他的就睁只眼、闭只眼。

• "秋后算账"式价值观矫正，导致企业与员工双输。由于对一些涉及文化价值观的问题，比如业务中搞潜规则、吃回扣；日常管理中搞山头、搞圈子、搞关系文化，这些问题难发现、难防御，只采取"一旦发现，就秋后算账"的方式，治标不治本。事后清算，损失已经造成，企业损失了利益，员工毁了前程。

• 只管做事，不管做人。只要在日常工作中绩效过得去，在工作场景中能按规章制度行事，员工在社会公德方面、品行方面的问题不直接损害公司利益，就不加过问。实际上，做人必然影响做事，这种"睁只眼、闭只眼、得过且过"的方式，为以后可能的损失埋下了隐患。

通证化激励体系主要通过以下方式为以往企业文化建设中的

问题提供了解决方案。

・功分引导强化行为，行为成习惯，习惯成自然。通证化激励体系下，可以细化列举符合企业文化的行为和企业想弘扬的行为，对践行的人给予功分奖励，对违反的人进行功分扣罚。有些行为，即便不是工作场合发生的行为，也能用功分进行引导和激励。由于不直接扣钱，员工比较好接受，但功分又跟权益相关，所以能起到引导和改变员工行为习惯的效果。

・用天证让标杆成为众人可模仿的榜样。通证化激励体系下，对特别符合企业文化价值观的榜样，可以给予长期性特权激励，让其成为一个其他人都羡慕和想要模仿的榜样。

・"一分两证"用大数据明察秋毫，让不正之风早暴露、早处置。在通证化激励体系中，"一分两证"从多个维度和全过程对员工的行为及其贡献进行了标示和记录，这就形成了员工行为表现的大数据，通过数据挖掘与分析，可以适时发现可能存在的潜在风险，及时将一些不正之风扼杀在萌芽状态。例如，从数据中发现，某个男主管高频率、大额度地给某个女下属奖励功分，那就可以做一些了解，其行为属于正当的基于事实的激励还是存在虚假的作弊行为。

## 4.4 通证化激励助推企业组织变革

企业的发展离不开组织变革，内外部环境的变化，企业资源的不断整合与变动,都给企业带来了机遇与挑战,这就要求企业关注组织变革。组织变革指组织根据内外环境变化,及时对组织中的要素(如组织的管理理念、工作方式、组织结构、人员配备、组织文化及技术等)进行调整、改进和革新的过程。企业引入通证化激励,不仅可以解决企业管理中的一些难题,更能够推动组织快速变革,以适应快速变化的环境。

## 4.4.1　组织变革的重要意义

在当前互联网深刻影响社会生产生活方方面面的情况下,企业组织面临的内外部环境变化越来越快,能够快速变革适应环境变化的能力成为考验现代组织能力的重要维度。2019年以来,由于市场大环境的变化,腾讯、百度、京东等大型知名互联网企业,都拉开了十分猛烈的组织变革大幕,足见组织变革的重要性。

现代组织,尤其是企业组织都是开放的社会技术系统,组织的运行即是与多重环境发生动态的相互影响的过程。每个组织都有多层次、多因素、复杂多变的背景,组织想要维持和发展,必须不断调整与完善自身的结构和功能,提高在变化的背景下生存、维持和发展的灵活性和适应能力,即不断地对组织进行变革。

企业和组织不是孤立存在的封闭型系统,而是与周围环境有着密切联系的开放性系统。客观环境不断变化,组织唯有变革才能适应新的情况和要求。组织变革的目标,主要在于实现组织结构的完善、组织功能的优化和组织成员满意度的提高。组织变革的意义主要体现在以下几个方面。

- 组织变革使得组织与其他各类组织更紧密地联系和交往在一起，让彼此更好地生存和发展。当前社会环境下，合作共赢已成为新的商业哲学，更是实现商业成功的重要因素。
- 组织变革还使得组织更加富有竞争性，在市场竞争压力越来越大的大环境下，组织变革可以让组织不至于被市场抛弃，使组织能以新的面貌去迎接其他组织或市场压力的挑战。
- 组织变革可以提高组织的素质，只有高素质的组织才有足够的能力去应对外部环境的变化。
- 组织变革也让组织涌现出更多新型组织形态，如虚拟组织、无边界组织、女性化组织和学习型组织等，这些新型组织形态让组织更富竞争性和灵活性。

总而言之，作为一个与不断变化的外界环境紧密联系的开放性系统，组织变革是组织适应新形势变化的要求，是现代市场环境迅速变化的要求，组织要保持相对的稳定性和变动性，必须进行组织变革。

### 4.4.2　通证化激励助推企业组织向新范式演进

企业只有适应时代要求，不断自我变革与创新，才能基业长青。而企业最难、最深层次的变革是组织与人的变革。组织是人的连接与集合，人是企业的核心资源，组织始终围绕人来定义能力与价值，围绕人与组织关系的重构来提升组织效率与价值创造

## 第4章 通证化激励与企业组织管理

活力。

技术在发展,时代在变化。以互联网为代表的新兴前沿科技的发展,使得信息的容量和传播效率都得到了极大的提升,人与人之间的信息不对称性越来越低。这为人们快捷沟通和协作提供了极大的便利,企业要敏锐地意识到外部环境和条件的这种快速变化,并付诸行动,着力变革自己的组织,使其能够适应这种变化的趋势。

在实施组织变革之前,一定要明确当前社会环境下,未来企业组织的崭新特征。在第1章的内容中,我们曾分析过,区块链技术的发展将会带来人类协作的新范式——大规模跨边界强协作组织,我们称之为通证化组织。与此同时,由于社会技术条件的发展,也带来了社会物质、精神和文化财富的丰富,使得整个社会氛围发生了改变,也就重新塑造了生活在其中的人们的价值观。例如,相比工业化时代人们信奉勤勤恳恳、规规矩矩以及集体主义的价值观,在信息化和智能化的时代,人们越来越追求实现自由、个性的价值。具体而言,我们认为未来组织变革将会呈现出以下一些主要特征。

(1)生产方式转向分布式

在工业文明时代,企业的生产组织方式主要体现为集中化、规模化、标准化,而在互联网与工业智能化时代,企业组织日趋平台化,这表现在内部和外部两个方面。内部表现为经营单元日益项目化、团队化,如海尔近年来的"人单合一"组织变革,就是在推进整个企业逐步走向平台化、分布式的生产。不仅如此，未来企业组织的员工未必都处于同一物理空间进行协作，而是通过网络平台进行分布式协作。中国著名的网络众包平台——猪八戒网，就是通过互联网将超过1000万个服务商连接在一起，为不同类型的客户提供了超过600万项服务。

所以，分布式会进一步使得更大规模的人的协作成为可能。在以往的公司制组织形态中，组织的人员规模达到几十万人就是极限，而未来在区块链支持的价值互联网平台的支持下，可以组织更大规模的协作，大大突破现有组织的规模。这在互联网条件下的一些企业中已经有所展现，比如腾讯开发打造的微信平台，该平台已经连接了几亿用户开展沟通、内容创作和内容传播的工作，而腾讯公司本身运维此平台的员工也有万人规模，使得腾讯通过微信平台获取了巨额的商业利益。

（2）组织边界不断被打破

前文中已经简单介绍过当前社会环境下，行业与行业、组织与组织、生产与消费的边界都逐渐变得模糊，不断被打破。未来，组织的边界打破将主要从四个方面进行：一是围绕用户打破组织内外边界，形成重构客户价值的产业生态圈，价值不仅来源于企业内部价值链的活动，而且还来自企业与产业边界之外的客户、合作伙伴等所构成的生态圈，最典型的例子就是一些平台型互联网公司所打造的商业模式；二是围绕员工打破领导与被领导的边界，人人都是CEO，都是创新创造主体；三是围绕组织扁平化与

## 第4章　通证化激励与企业组织管理

网络化,打破科层边界,不断细分业绩单元,不断将经营责任落实到个人和小团队,推倒决策墙,汇报关系多元化,项目任务不断精细化;四是围绕组织氛围,打破沟通边界,实现零距离、无边界的即时沟通。

(3)协作方式转向自我驱动的强协作

强协作指组织基于强大的成员共识机制,将个体紧密地统一在同一个愿景目标下。为了实现愿景目标,大家愿意自我驱动、付出牺牲从而获取价值。传统组织的内在驱动机制主要是权力驱动、威权指令式驱动,而未来的组织将是由共识、愿景和价值观驱动。组织要激发人才价值,创造活力,驱动员工创造价值,不再依靠简单的指令、单一靠严格的制度约束和标准化行为规范,而是通过文化价值观管理,依靠人才对组织使命与愿景的认同,使千军万马朝着一个共同的目标而奋斗。通过唤醒人才自我开发、自我提升与自我管理意识,激发员工价值创造潜能,使人才从"要我干"转向"我要干""我们一起干"。随着社会物质财富的不断丰富以及年轻一代对美好生活的追求的需求越来越强烈,强制指令的组织协作方式越来越难以运行,人们越来越以自己的兴趣和意愿为依据付出行动,这要求组织必须变革人们的协作方式。2019年初以来,中国社会掀起一股激烈讨伐"996(每天早上9点上班,晚上9点下班,一周工作6天)"工作制的舆论热潮,针对一些企业家将"996"工作制与奋斗、拼搏等挂钩的言论,主流媒体和绝大多数网民,进行了热烈的讨论和批驳,认为超越个人自愿的强制"996"工作制,既不人道也不符合法律,更不能作为评判是否具有奋斗拼搏精神的标准。实际上,此次就强制"996"工作制的舆论反弹,背后的隐藏的逻辑就是,人们越来越不能接受不是基于自愿和自我实现的强制性、命令式的工作方式,过去组织和个人的对立、博弈关系越来越不能适应时代,人们越来越要求与组织处于对等、合作共赢的关系之中。

(4)组织会更加灵活

在传统组织中,每个个体在同一个时间周期里,只能属于某一个组织,并按固定的职责,发挥固定的一个方面的能力。在未来的组织中,基于价值互联网的组织使人们的协作可以更加灵活,协作可以围绕一个长期目标展开,也可以是短暂的、临时性的协作;围绕协作可以建立长期、稳定的组织,也可以是召之即来挥之即去的临时协作体;一个个体可以打破边界同时参与在不同的协作体中,而不是仅仅局限在一个固定领域、行业的一个固定协作体中。个体也可以发挥其多方面、多维度的能力,使人力资源的潜力得到最大化的发挥。

具备以上特征的组织方式,可以称为未来组织的新范式。通证化激励所提供的方法和工具体系,在一定程度上,将能够推动企业组织向具有上述特征的新范式演进。

首先,通证化激励的核心特性是激发个体的原动力,这使得个体不管是自我开发、创新创造,还是奉献更多的价值、参与更多的变革,都有了基本动力。

## 第4章 通证化激励与企业组织管理

其次，通证化激励体系中，通过代表价值的通证，能够有效将内外部任意个体连接在一起，统一到一个协作关系中，共同完成一致的目标。这就提供了一个聚合不同角色、不同技能的人一起开展灵活协作的抓手。当我们把通证化激励中的通证进一步扩展到现有组织成员之外的人员时，就轻松地实现了组织规模的扩大和分布式协作。

最后，通证化激励中，由于通证是绑定价值的载体，所以，当个体付出努力就可以即时获得通证时，就使其感觉到"劳有所获"，所有的付出都是在为自己赢得利益。这样，就将"要我干"转化成"我要干"和"为我自己干"，让组织内的协作关系由原来的博弈、对立转变成了协作、共赢。

当然，第3章所介绍的通证化激励方法和工具体系，主要还是聚焦在现有组织结构下的人员激励与管理，当企业组织对此应用一段时间，积累一些对通证化激励的真切体验和经验时，可以基于企业的实际情况，进一步循序渐进地对这套体系进行发展和延伸，使其可以为企业组织变革为适应未来特征的新范式提供有力的工具和抓手。

# 第 5 章
# 通证化激励体系落地操作方法与工具

在明确了通证化激励的基本理念、方法、工具以及其对于组织人员激励、管理和推动组织变革方面所发挥的作用之后，紧接而来的问题是，如果要在现有的企业组织中引入通证化激励体系，实行通证化激励的制度，该按什么流程、步骤去落地实施？实施过程中的一系列方法和工具该如何应用？应用过程中要注意遵循什么原则和注意事项？本章主要介绍通证化激励体系在企业组织中落地操作的方法与工具。

## 5.1 落地操作框架：一体两翼六环节

根据通证化激励体系的特点，如果想要在已有企业组织中引入通证化激励体系，一般需要经过搭队伍、理现状、定方案、进系统、试运转和做优化等六个环节。为了更好地促进企业组织方便地引入和实施通证化激励体系，对每一个环节，都提供了具体的操作步骤和支持工具，我们将其整合，形成了通证化激励体系落地操作的框架，称之为"一体两翼六环节"，如图5-1所示。

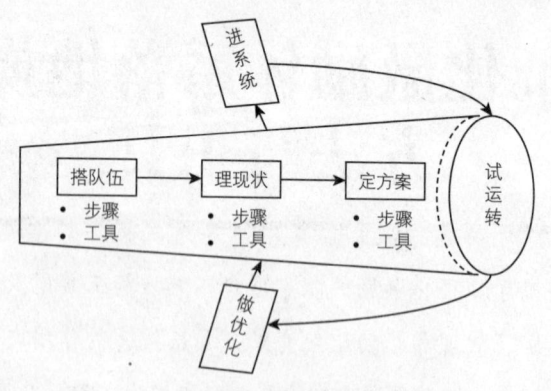

图 5-1 通证化激励体系落地操作的框架

接下来我们对图5-1所示的"一体两翼六环节"做详细介绍。

一体：主要指实施运转通证化激励体系主旨目标及其达成此目标的基础前提工作。

两翼：主要指驱动通证化激励体系在实践中不断优化发展的支撑条件，即基于分析的优化调整和基于SAAS系统平台的工具

## 第5章 通证化激励体系落地操作方法与工具

支撑。

六环节：主要指整个操作框架的六大环节。下面我们对这六个环节做基本介绍。

（1）搭队伍

该环节主要是确定导入和实施通证化激励体系的决策和执行团队的架构、人选和职责。

（2）理现状

该环节主要是梳理企业导入通证化激励体系的基础条件，包括企业人员结构、企业管理架构、企业现行福利体系、企业现行制度体系。

（3）定方案

该环节主要是按照"一分两证钩权献"模型，设定"一分两证"的具体规则和标准，以及挂钩的权益内容、价值和策略。

（4）进系统

该环节主要是将企业及现有相关信息以及"一分两证"的相关标准、数值、规则和权限部署到通证SAAS系统平台中，便于操作和实施，节省人力。没有系统时，可以省略这一步。

（5）试运转

该环节主要指正式开始启动实施通证化激励体系，将其用于企业日常管理，监控通证化激励体系的运转情况，收集运转过程中遇到的问题。

（6）做优化

该环节主要是分析通证化激励体系运转实施过程中问题背后的原因，对相应的规则、标准和参数做出优化调整。优化后，继续前述环节的过程，即六环节的步骤构成一个根据实际运行情况动态调整的循环运行过程。

## 5.2 落地实操工具和方法

在按照上述"一体两翼六环节"的框架引入通证化激励体系到企业组织进行落地时，需要使用一些具体的工具和方法，这些工具和方法将帮助企业组织引入通证化激励体系时更顺畅和规范。

### 5.2.1 搭队伍

搭队伍环节主要是确定导入和实施通证化激励体系的决策和执行团队的架构、人选和职责。该环节包括两个主要步骤。

1. 步骤一：成立通证化激励决策委员会

通证化激励决策委员会主要职责如下。

- 确定通证化激励执行流程。
- 确定通证化激励的相关规则标准。
- 确定通证化激励的权益内容，并批准相应预算。
- 确定通证化激励的执行团队及相应职责。

## 第 5 章　通证化激励体系落地操作方法与工具

・通证化激励执行过程中的争议问题仲裁与处理。

・其他需要决策的事项。

在设立通证化激励决策委员会时，需要遵循以下原则。

・由企业最高领导或领导委托的实权高管挂帅委员会主席。

・中层以上管理者作为委员会成员。

・选定奇数个数高管以上职位的委员组成常务委员会。

2. 步骤二：搭建通证化激励执行团队

通证化激励执行团队的主要职责如下。

・SAAS 软件的功能管理与维护。

・数据录入与管理（审核、校对、统计等）。

・乐透会的组织、奖品采购。

・对通证化激励日常运行的监督与审核。

・相关权益的兑现执行。

・决策委员会指派的其他任务。

通证化激励执行团队的设置应遵循以下原则。

・可以成立专门部门负责通证化激励体系的执行操作。

・可以由人事部门设立专门岗位负责通证化激励体系的执行操作。

・也可以由原有岗位人员兼职做一些通证化激励执行工作，给予功分奖励。

### 5.2.2 理现状

理现状环节主要是梳理企业导入通证化激励体系的基础条件，包括企业人员结构、企业管理架构、企业现行福利体系、企业现行制度体系。该环节主要包括以下三个步骤。

1. 步骤一：梳理企业管理架构

浮动的功分的奖分要看员工管理等级，扣分要看职位关系，所以，梳理确定企业员工管理架构是导入通证化激励体系的基础。

该环节可以使用表 5-1 所示的工具，对企业员工管理等级进行划分。

表 5-1 企业员工管理等级划分表

| 管理等级 | 等级名称 | 定义 | 确定人员范围 |
| --- | --- | --- | --- |
| 第1级 | 经营者(一把手) | 一般是企业的创始人和核心管理者 | ××× |
| 第2级 | 高级管理者 | 独立负责业务，制订战略，直接向经营者汇报 | ××× |
|  |  |  | ××× |
| 第3级 | 中层管理者 | 负责向下贯彻经营者和高管的决策，组织资源，协调基层管理者，向高管汇报 | ××× |
|  |  |  | ××× |
|  |  |  | ××× |
| 第4级 | 基层管理者 | 负责组织员工进行具体任务的执行，向中层汇报 | ××× |
|  |  |  | ××× |
|  |  |  | ××× |

使用上述工具表时需要遵循以下原则。

· 通证化激励体系中，一般管理等级建议划分为 4 级。

· 表格中的层级定义和具体涵盖的人员范围，由企业根据实

## 第 5 章 通证化激励体系落地操作方法与工具

际情况确定，表 5-1 中只是示例性内容。

2. 步骤二：梳理企业现有福利体系

通证化激励把"一分两证"与福利的发放挂钩，福利多少根据贡献体现差异。导入通证化激励体系，可以不用增加企业成本，直接与原有福利体系对接即可。所以，梳理企业现有福利体系是需要在理现状环节所做的又一个基础工作。

可以使用表 5-2 所示的工具表，进行企业福利体系的梳理。

表 5-2 企业福利体系表

| 福利项目 | 福利内容及标准 | 福利预算 |
| --- | --- | --- |
| 中秋福利 | | |
| 春节福利 | | |
| 生日福利 | | |
| 年终奖 | | |
| … | | |
| 预算总计 | | |

使用上述工具表时需要遵循以下原则。

· 福利的梳理根据企业现实情况进行分类即可。

· 尽量能够明确原有福利体系的内容和标准，梳理出各类福利的最小单元。

· 重点是梳理出福利的总预算额，后续引入通证化激励用作权益时，福利内容可以变化，只要不超出原有福利预算的范围即可。

3. 步骤三：梳理现行制度体系

导入通证化激励体系，可以完全不用更改原有制度，只需把原有制度与"一分两证"挂钩，使制度具有执行的抓手。所以，在理现状环节，需要对企业现行的制度进行梳理。

可以使用表5-3所示的工具表，进行企业现行制度体系的梳理。

表5-3 企业现行制度梳理表

| 制度类别 | 制度名称 | 是否通证化 |
| --- | --- | --- |
| 人力资源管理类 | | |
| 业务类 | | |
| 财务类 | | |
| … | | |
| 预算总计 | | |

使用上述工具表时需要遵循以下原则。

·根据企业实际分类进行制度的梳理，可以全部与通证化激励体系挂钩，也可以部分与通证化激励体系挂钩。

·对于现实执行不力的制度条款，可以优先进行通证化，与"一分两证"挂钩。

## 5.2.3 定方案

定方案环节主要是按照"一分两证钩权献"模型，设定"一分两证"的具体规则和标准，以及挂钩的权益内容、价值和策略。该环节主要包括以下五个步骤。

## 第5章　通证化激励体系落地操作方法与工具

1. 步骤一：功分的方案设计

（1）确定固定功分项目及标准

固定功分主要需要确定周期性固定功分项目及分值标准、一次性固定功分项目及分值标准。

可以使用表5-4、表5-5所示的工具表进行周期性固定功分项目及分值标准、一次性固定功分项目及分值标准的确定。

表5-4　周期性固定功分项目设置表

| 序号 | 加分项目 | 等级/类别 | 分　值 | 触发条件 |
|---|---|---|---|---|
| 说明 | 填入企业要认可的项目 | 子等级，或同一项目的不同类别 | 根据重要性、价值等设置 | 审核所需的材料 |
| 1 | 学历 | 大专 | 20 | 需提供学历及学位证书 |
|  |  | 本科 | 40 |  |
|  |  |  |  |  |
| ... |  |  |  |  |
|  |  |  |  |  |
|  |  |  |  |  |

【注意】上表内容仅是参考性示例，具体项目内容、分值由企业自行根据实际情况设置。

在使用上述工具表时需要遵循以下原则。

·固定功分项目设置要与企业价值导向结合，侧重认可与企业目标一致的员工素质。

·固定功分项目要具有一定普遍性，即全员都有比较便利的条件获取，避免设置那些具有很高门槛，只有个别员工才拥有的项目，这类价值可以通过天证予以认可。

表 5-5  一次性固定功分项目设置表

| 序号 | 项目 | 说明 | 分值标准 ||
|---|---|---|---|---|
| | | | 标准 | 分值 |
| 1 | 启动基础功分 | 所有员工建档时拥有的分值 | — | 1000 |
| | | | — | 1000 |
| | | | — | 1000 |
| 2 | 企业内工龄功分 | 按照员工工龄，每个人得出一个分值 | 每满一年 | 500 |

【注意】上表内容仅是参考性示例，具体项目内容、分值由企业自行根据实际情况设置。

使用上述工具表时需要遵循的原则同表 5-4 所示工具的使用原则一致。

（2）确定浮动功分项目及标准

浮动功分项目主要是要设定本职岗位工作的奖扣项目及分值标准，以及管理者奖扣权限。

可以使用表 5-6、表 5-7 所示的工具表进行本职工作行为奖扣项目、管理者奖扣权限的确定。

表 5-6  本职工作行为奖扣项目设置表

| 序号 | 岗位 | 工作内容 | 奖分 | 扣分 |
|---|---|---|---|---|
| 说明 | 每个岗位的名称 | 该岗位的常规工作内容、考核标准和考核目标 | 完成工作加××分 | 未完成工作扣××分 |
| 1 | | | | |
| 2 | | | | |
| 3 | | | | |
| 4 | | | | |
| 5 | | | | |
| 6 | | | | |
| … | | | | |

【注意】上表内容仅是参考性示例，具体项目内容、分值由企业自行根据实际情况设置。

## 第5章 通证化激励体系落地操作方法与工具

在使用上述工具表时，需要遵循以下原则。

· 工作行为应根据其价值，以差异化的分值体现不同行为的价值。

· 不容易量化的工作可以采用"格里波特四分法"进行量化。

表5-7 管理者奖扣权限设置表

| 管理等级 | 奖扣分额度 | 奖扣任务 |
|---|---|---|
| 企业按需求划分，名称自设 | 对奖分/扣分额度进行设定 | 奖扣目标<br>奖扣比例 |
| 第1级 | | |
| 第2级 | | |
| 第3级 | | |
| 第4级 | | |

【注意】上表内容仅是参考性示例，具体等级名称、奖扣权限、任务标准由企业自行根据实际情况设置。

在使用上述工具表时，需要遵循以下原则。

· 不同等级的管理者奖扣分权限要体现差异。

· 对管理者的奖扣分要设置任务，以便贯彻落实，成为习惯，总体遵循"奖分为主，扣分为辅，但不能只奖不扣或只扣不奖"的原则。

（3）设定制度功分项目及标准

该步骤主要是将梳理出的制度中需要通证化的条款，进行分值设定。

可以使用表5-8所示的工具表，进行制度功分项目及标准的设定。

表 5-8 制度功分项目设置表

| 制度名称 | 通证化的项目 | 触发条件/类别 | 奖分 | 扣分 |
|---|---|---|---|---|
| 制度的名称 | 制度内员工行为 | 行为本身的规范和要求<br>达到规定时的奖分和扣分标准 | ××分 | ××分 |
| 考勤制度 | 迟到 | 15 分钟以内算一次，每超 15 分钟加一次 |  | 2 |
|  | 旷工 | 超过 2 小时算半天，超过 5 小时算全天 |  | 5~10 |
|  | 加班 | 18:00~24:00；24:00~07:00 | 10~20 |  |
|  | … |  |  |  |

【注意】上表内容仅是参考性示例，具体项目内容、分值由企业自行根据实际情况设置。

在使用上述工具表时需要遵循以下原则。

· 把利用表 5-3 所示工具梳理的需要通证化的制度的具体效力条款，与功分挂钩。

· 原来需要小额罚款的条款，都可以转化为与功分挂钩。

· 对于一些价值重大的条款，要在保留原有赏罚权益的前提下，再与功分挂钩，比如故意损害公物造成的损失，必须照价赔偿的同时，再给予功分扣罚处罚。

2. 步骤二：喜证的方案设计

本步骤主要完成各管理等级对应的喜证数量设置以及每个功分区间对应的喜证数量的设置。

可以使用表 5-9 所示的工具表，设置各管理等级对应的喜证数量以及每个功分区间对应的喜证数量。

## 第5章 通证化激励体系落地操作方法与工具

表 5-9 喜证发放设置表

| 员工管理等级 | 每月喜证数量 | 本部门内功分排名区间 | 每月喜证数量 |
|---|---|---|---|
| 第1级 | | | |
| 第2级 | | | |
| 第3级 | | | |
| 第4级 | | | |
| 员工级 | | | |

使用上述工具表时需要遵循以下原则。

·喜证的数量要与企业的业务实际相一致,不宜过多,也不宜过少。

·可根据实际运行情况,适时动态调整喜证产生的规则、数量。

3. 步骤三：天证的方案设计

本步主要设置企业想弘扬和激励的突出成就以及多维价值项目。

可以使用表 5-10 所示的工具设置天证。

表 5-10 天证设置表（参考）

| 天证名称 | 天证类别 | 标示的价值 | 解锁条件 |
|---|---|---|---|
| | | | |
| | | | |
| | | | |
| | | | |

在使用上述工具表时需要遵循以下原则。

·该工具主要用于设置公司发起的天证。

·天证名称有标识度和区分度,让人能一眼明确认识该天证所标示的价值的意义。

·天证不宜设置过多,要切实凸显代表某种核心价值,具有一定的稀缺性。

4. 步骤四:权益内容设计

无论是一分还是两证,最终都要与权益挂钩。如何才能使所挂权益能与员工需要匹配,让员工觉得有趣又有期待?这需要对权益内容根据企业实际进行设计。

可以使用表 5-11 所示的工具进行"一分两证"挂钩权益内容的设计。

表 5-11 权益内容设计表

| 权益类别 | 权益名称 | 权益具体内容 | 挂钩 |
|---|---|---|---|
| 实物性权益 | | | |
| 权利性权益 | | | |
| 享受性权益 | | | |
| 趣味性权益 | | | |
| 财富性权益 | 理财保险 | 一份价值 5 万元的理财保险 | |
| ... | | | |

【注意】上表内容仅是参考性示例,具体项目内容由企业自行根据实际情况设置。

## 第5章 通证化激励体系落地操作方法与工具

使用上述工具表时需要遵循以下原则。

· 权益品类和内容要尽量匹配员工实际特点和需求。

· 权益的价值要以企业经营状况为依据,在预算范围内设置。

· 权益的内容在后期可以逐渐突破福利的限制,与更大范围的利益挂钩,如与晋升、涨工资挂钩。

5. 步骤五:确定应用操作流程

本步骤主要是确定功分、喜证和天证的应用流程。

(1)功分的应用流程

根据通证化激励的方法体系,功分的应用流程如图 5-2 所示。

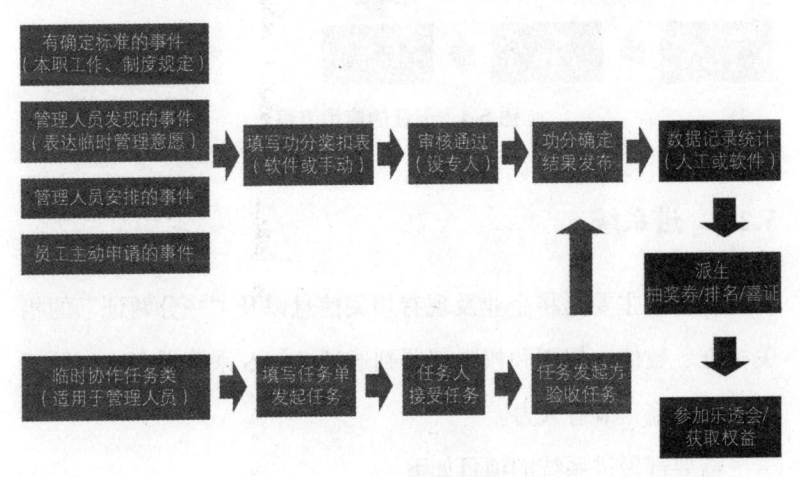

**图 5-2 功分的应用流程**

(2)喜证的应用流程

根据通证化激励的方法体系,喜证的应用流程如图 5-3 所示。

按规则发放喜证至员工个人 ➡ 喜证流通（激活）➡ 兑换/竞拍 ➡ 获取奖励

图 5-3　喜证的应用流程

（3）天证的应用流程

根据通证化激励的方法体系，天证的应用流程如图 5-4 所示。

公布公司设立的天证（名称+解锁条件+权益）➡ 员工达到解锁条件 ➡ 提出申请 ➡ 审核确认 ➡ 公示+兑现权益

公布天证

员工发起设立天证申请 ➡ 员工投票通过 ➡ 公司审核通过

图 5-4　天证的应用流程

## 5.2.4　进系统

该环节主要是将企业及现有相关信息以及"一分两证"的相关标准、数值、规则和权限部署到通证 SAAS 系统平台中，便于操作和实施，节省人力。

需要部署进系统的项目如下。

- 企业基本架构信息、人员信息及权限。
- 员工管理等级划分标准。
- 管理人员奖扣权限。

- 喜证产生规则。
- 天证名称、内容及解锁条件。
- 浮动功分项目、数值标准。
- 固定功分项目、数值标准。
- 其他。

【注意】通证化激励体系初期,如果没有通证 SAAS 系统平台,也可以人工记录的方式进行运转,只是会降低通证记录和流转的效率,增加一些人工成本。

### 5.2.5 试运转

该环节主要指正式开始启动实施通证化激励体系,将其用于企业日常管理,监控通证化激励体系的运转情况,收集运转过程中遇到的问题。该环节需要注意以下事项。

- 通证化激励体系宣导及动员。
- 通证化激励体系理论及实操流程培训。
- 设定试运转期限,执行运转。
- 实施监控,收集运转中出现的问题。

### 5.2.6 做优化

分析通证化激励体系运转实施过程中问题背后的原因,对相应的规则、标准和参数做出优化调整,并将调整结果部署到系统中,贯彻到后续的运转实践中。如果发现新问题,则继续重复优化改进的流程。

## 5.3 落地案例演练

本节将展示一个真实的企业案例材料，而后按照通证化激励体系"一体两翼六环节"的落地实操框架，对该案例材料所展示的企业进行通证化激励体系的引入和落地。

### 5.3.1 案例材料

华天酒业有限公司是一家以酒水营销服务为主营业务的企业，创始人张鹏自创业起，就始终坚持"保真，服务，性价比"的核心理念，为客户和广大消费者提供白酒、葡萄酒、黄酒等优质酒类产品和服务，代理了茅台、五粮液、古井贡、洋河等多个国内知名白酒品牌。创业7年，从一间门店的代理商，逐步做到了区域级的酒水代理企业，发展出直营门店、合作零售网点、KA卖场、团购电商等多个渠道的营销网络体系。2017年的酒品销售额达到1.2亿元，其中90%的销售收入来自其代理的白酒品牌。

在企业发展的初期，张鹏坚持每天都到终端去了解经营情况，亲自狠抓渠道管理和门店服务，在当地慢慢获得较好的口碑。但随着销售渠道的不断拓展，销售区域的不断扩大，有些终端一个月也顾不上去一次。公司的直营门店也从最初的10多家，扩展

## 第5章 通证化激励体系落地操作方法与工具

到将近70家。公司人员随着业务的扩展不断增加，从最初10余人的小团队，增加到将近200人，很多员工的名字，张鹏都叫不上来了。张鹏意识到，公司发展再也不能依靠原来的"火车头模式"，而是要改成"动车模式"，让大家都"动起来"。

为了分散管理压力，张鹏聘请外部管理咨询团队，帮助自己重新规划企业的组织架构，把最主要的销售部，按照"直营门店""零售合作终端""KA门店""团购和网络"四个销售部门重新规划了企业销售体系。同时重新规划了了采购部、网络服务部、财务部和人力资源部的主要职责。以五个部门的经理为核心管理团队的同时，还提拔了一批老员工作为中层主管，张鹏自己主要负责企业的战略规划和结果考核。

为了让公司能够运行更加正规，张鹏还亲自牵头，与管理层一起，梳理建立了一系列企业规范和人员管理制度。直营门店是公司的门面，张鹏最注重的就是门店员工的行为规范和陈列的标准化，所以，公司首先梳理建立了《直营门店店长管理手册》《门店经营记账手册》和《门店员工行为标准手册》等门店经营制度和规范。

除此之外，为了进一步规范公司管理体系，还梳理建立了《公司员工日常行为规范》《销售人员操作手册》《财务报销流程手册》《网络营销平台操作手册》等制度，力求用制度把公司的各个方面管理得有条不紊，做到全司一盘棋。

在建立制度的同时，公司也重新梳理了员工和薪酬体系，建立了3晋9级工资体系,即"员工—中层—高管"的晋升通道和每个阶段的工资调整计划,并完善了奖金、补贴、福利、保险、公积金、教育培训等多元化的福利体系。每到节假日,公司都给员工发放节日福利,每年都会组织一到两次集体旅游,年会上也是红包、抽奖应有尽有。为了帮助员工进步,张鹏还要求培训部门每个月都要完成一次员工内训,中层以上员工每年都要外出培训两次,学习先进的管理知识,希望能从企业文化上,建立一支不断进步、能打能拼的学习型团队。公司在福利上的支出每年达到100万元,其中,端午节和中秋节福利占福利支出的6%,员工生日礼品占4%,年会奖品占10%,年终奖占36%,旅游占30%,培训占10%,其他占4%。

规范化、制度化改造就绪后,本来只等着再创佳绩了,但事情并不如期望的那样好。

新体系运行了大半年时间,张鹏遭遇了不少问题,比如大家对制度化不理解、不配合,很多销售老员工以流程太烦琐影响成单而逍遥于制度之外,对一些制度视而不见。部分中层管理者也认为新制度管得太细太多,很多条目动不动就要罚款,让他们跟员工之间关系很紧张。有的主管为了笼络团队,每月月末统计考勤时为其下属作证"豁免"迟到、早退记录,免得其下属被罚款。直营门店和渠道的管理也是不盯就放松,统一制订的行为规范和流程,员工是能省就省,各个终端门店的执行花样百出,对统一规范要求打折扣、执行不到位的其他情况屡见不鲜。

## 第5章 通证化激励体系落地操作方法与工具

更令人头疼的事情是，工资体系规范了，钱发下去了，效率没起来不说，发钱还发出了不少矛盾。2017年，公司全年工资支出超过900万元。为了能够激励员工，年底的年会上，张鹏宣布了工资普遍涨一级的决定，涨薪之后，员工的平均工资高出当地标准15%。但即便做了这么多举措，员工的积极性似乎并没有维持很久，没过一个月，大家还是能少干就少干，干完分内的事情决不多干。

有一些员工私下议论，传到张鹏那里，让他五味杂陈。

小A：老K去年酒没卖出几件，不照样涨工资！

小B：人家请经理喝的酒不少呀，他的销售额就是和经理喝出来的吧，哈哈哈……

小C：就咱们公司这"酒肉"文化，我们这些实干的，干多了就觉得"憋气"！

老P：你们就是太天真，张总天天说的"公正、学习、进取"本来就是洗脑的，你们也信……

【案例任务】

张鹏了解到通证化激励体系能够解决其企业面临的诸多问题，决定导入这套体系。请按照"一体两翼六环节"中前三个环节的方法和工具，帮张鹏梳理一下适合其企业的实施方案。

### 5.3.2 案例解析

下面我们按照"一体两翼六环节"的操作框架，对5.3.1节中所展示的企业，进行通证激励的引入和落地。

## 区块链之通证化激励与管理

1. 搭队伍

（1）步骤一：成立通证化激励决策委员会

由华天酒业有限公司的高管和各部门经理组成，华天酒业公司创始人张鹏任决策委员会主席。

（2）步骤二：搭建通证化激励执行团队

从华天酒业有限公司原来的人力资源部和财务部各抽调1人专职负责，另外设置1名轮岗人员，每月从其他部门临时抽调。

最终，华天酒业有限公司通证化激励队伍结构如图5-5所示。

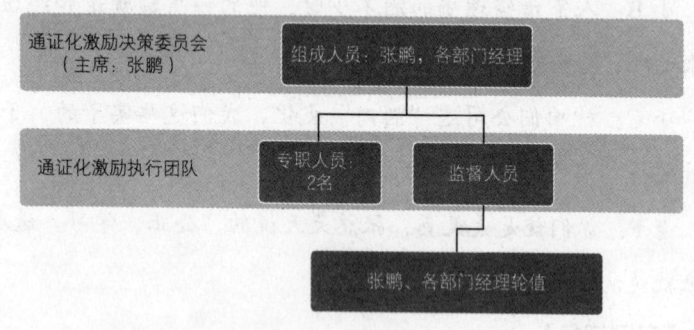

图5-5 华天酒业有限公司通证化激励队伍结构

2. 理现状

（1）步骤一：梳理企业管理架构

根据材料，华天酒业有限公司的员工分为四个等级，总经理—部门经理—部门主管—基层员工，组织结构如图5-6所示。

## 第 5 章　通证化激励体系落地操作方法与工具

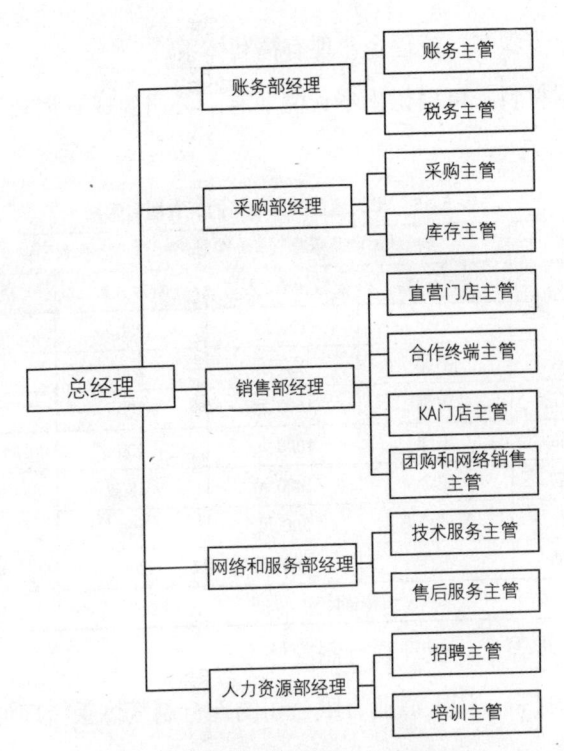

图 5-6　华天酒业有限公司组织架构

据此，华天酒业有限公司的管理者总共可以划分为三级，如表 5-12 所示。

表 5-12　华天酒业有限公司管理者等级划分

| 管理等级 | 等级名称 | 人员范围 |
|---|---|---|
| 第 1 级 | 经营者 | 张鹏 |
| 第 2 级 | 高管 | 各部门经理 |
| 第 3 级 | 中层 | 各主管 |

（2）步骤二：梳理企业现有福利体系

根据材料，可以得出华天酒业有限公司的现有福利体系，如表5-13所示。

表5-13　华天酒业有限公司的现有福利体系

| 福利项目 | 福利内容及标准 ||福利预算||
|---|---|---|---|---|
| | 福利内容 | 发放标准(人均) | 发放人数 | 预算金额 |
| 端午节/中秋节 | 不详 | 300元 | 200 | 60000 |
| 生日福利 | 不详 | 200元 | 200 | 40000 |
| 半年度旅游 | 旅游 | 1500元 | 200 | 300000 |
| 年会奖品 | 不详 | 1000元 | 100 | 100000 |
| 年终奖 | 现金 | 2000元 | 180 | 360000 |
| 培训费 | 管理培训 | 500元 | 200 | 100000 |
| 随机奖励 | 不详 | 200元 | 200 | 40000 |
| 预算总计 |||| 100万 |

（3）步骤三：梳理现行制度体系

根据材料，华天酒业有限公司的现行制度体系梳理如表5-14所示。

表5-14　华天酒业有限公司的现行制度体系

| 制度类别 | 制度名称 | 是否进行通证化 |
|---|---|---|
| 人事类 | 公司员工日常行为规范 | 是 |
| | 直营门店店长管理手册 | 是 |
| 财务类 | 门店经营记账手册 | 否 |
| | 财务报销流程手册 | 否 |
| 业务类 | 门店员工行为标准手册 | 是 |
| | 销售人员操作手册 | 是 |
| | 网络营销平台操作手册 | 否 |

【说明】根据通证化激励关于制度通证化的原则，现有制度

## 第5章 通证化激励体系落地操作方法与工具

是否通证化的依据：是否执行不到位，是否没有很好执行抓手的制度，是否优先通证化。

材料中，《门店经营记账手册》《财务报销流程手册》和《网络营销平台操作手册》，如果不按流程，就得不到工作结果，一般不会存在执行问题。例如，不按财务流程报销，就拿不到报销款。

3.定方案

（1）步骤一：功分方案

• 周期性固定功分项目设置：华天酒业有限公司的周期性固定功分项目设置如表5-15所示。

表5-15 华天酒业有限公司周期性固定功分项目设置

| 序号 | 加分项目 | 等级/类别 | 分值 | 触发条件 |
|---|---|---|---|---|
| 1 | 学历 | 大专 | 40 | 需提供学历及学位证书 |
|  |  | 本科 | 50 |  |
|  |  | 硕士研究生 | 60 |  |
|  |  | 博士研究生 | 80 |  |
| 2 | 技能 | 公司销售水平认证1级 | 30 | 公司颁发的认证证书 |
|  |  | 公司销售水平认证2级 | 50 |  |
|  |  | 公司销售水平认证3级 | 80 |  |
| 3 | 员工级别 | 基层员工 | 50 |  |
|  |  | 主管 | 60 |  |
|  |  | 经理 | 80 |  |
|  |  | 高管 | 100 |  |

区块链之通证化激励与管理

- 一次性固定功分项目设置：华天酒业有限公司的一次性固定功分项目设置如表 5-16 所示。

表 5-16 华天酒业有限公司一次性固定功分项目设置

| 序号 | 项目 | 说明 | 分值标准 ||
|---|---|---|---|---|
| | | | 标准 | 分值 |
| 1 | 基础功分 | 所有员工建档时拥有的分值 | 高管层 | 2000 |
| | | | 经理层 | 2000 |
| | | | 主管层 | 2000 |
| | | | 员工层 | 2000 |
| 2 | 工龄功分 | 按照员工工龄，每个人得出一个分值 | 每满一年 | 50 |

- 本职工作行为奖扣项目设置（浮动功分依据之一）：由于案例材料所提供信息不涉及华天酒业有限公司的岗位角色及岗位职责信息，因此，这里无法进行该项目的设置。
- 管理者奖扣权限设置：华天酒业有限公司的管理者奖扣权限设置如表 5-17 所示。

表 5-17 华天酒业有限公司管理者奖扣权限设置

| 员工管理等级 | 奖扣分权限 | 奖扣任务 ||
|---|---|---|---|
| | | 奖扣目标 | 执行标准 |
| 第1级 | 0～100/次 | 无 | 无 |
| 第2级 | 0～50/次 | 平均80分/人头/月 | 奖10扣1，每天3次起 |
| 第3级 | 0～30/次 | 平均50分/人头/月 | 奖10扣1，每天2次起 |

## 第 5 章 通证化激励体系落地操作方法与工具

・制度功分项目设置：由于案例材料所提供信息并未对华天酒业有限公司的各类制度的具体内容进行展示，因此，这里无法进行该项目的设置。

（2）步骤二：喜证方案

根据案例材料，华天酒业有限公司的喜证发放标准如表 5-18 所示。

表 5-18 华天酒业有限公司的喜证发放标准

| 员工管理等级 | 每月喜证数量 | 本部门内功分排名区间 | 每月喜证数量 |
|---|---|---|---|
| 第 1 级 | 0 | 排名前 20% | 20 |
| 第 2 级 | 0 | 中间靠前 30% | 15 |
| 第 3 级 | 15 | 中间靠后 30% | 10 |
| 员工级 | 20 | 排名最后 20% | 5 |

注意：以上排名区间指具有喜证获取资格的员工在本部门内的功分排名区间。

（3）步骤三：天证方案

根据案例材料，华天酒业有限公司的天证发放标准如表 5-19 所示。

表 5-19 华天酒业有限公司的天证发放标准

| 天证名称 | 天证类别 | 标示的价值 | 解锁条件 |
|---|---|---|---|
| 功勋销售王 | 公司发起设立 | 销售王牌人物 | 工作 3 年以上，创造营收总额累计达到 500 万以上 |
| 王牌店长 | 公司发起设立 | 创造了突出业绩的店长 | 任店长满 2 年，所管理门店平均年营收额达到 5000 万 |

（4）步骤四：权益内容设计

根据案例材料，华天酒业有限公司的通证化激励权益内容如

表 5-20 所示。

表 5-20　华天酒业有限公司通证化激励权益内容

| 权益类别 | 权益名称 | 权益具体内容 | 可选挂钩对象 |
| --- | --- | --- | --- |
| 实物性权益 | 日常家用品 | 洗衣液、饮料、围巾等 | 乐透会抽奖 |
|  | 娱乐文化门票 | 话剧票、电影票等 | 功分排名/喜证 |
|  | 儿童玩具 | 变形金刚、Kitty 猫 | 喜证 |
|  | 汽车 | 价值 10 万元汽车 | 功分排名/天证 |
| 权利性权益 | 晋升 | 同等条件下，优先晋升 | 功分排名/天证 |
|  | 迟到金牌 | 每周可迟到一次 | 功分排名/天证 |
|  | 坐高铁一等座 | 出差可坐高铁一等座 | 功分排名/天证 |
| 享受性权益 | 国内旅游 | 国内城市 5 日游 | 功分排名 |
|  | … | … | … |
| 趣味性权益 | 和司花/司草乐透会跳舞（司花和司草可由员工发起设成天证） | 在乐透会与司花/司草跳舞 | 乐透会抽奖 |
|  | … | … | … |
| 财富性权益 | 理财保险 | 一份价值 5 万元的理财保险 | 功分排名/天证 |
|  | 期权/股票奖励 | 获得一定额度期权/股票 | 功分排名 |

至此，我们按照通证化激励的"一体两翼六环节"落地操作框架，梳理完成华天酒业有限公司的通证化激励的队伍搭建、现状梳理和方案设计。接下来，就可以进入实施运转和调整优化的阶段，如果能够借助通证 SAAS 系统平台，将使得通证化激励体系在该公司得到更好的推行和运转。

# 附录 1　通证化激励 SAAS 系统平台设计草案

## 引　言

前文介绍通证化激励的基本原理、概念和方法工具体系时，多次提到通证化激励 SAAS 系统平台。该系统是支撑通证化激励体系有效运转的工具，如果没有该系统的支持，通证化激励体系也可以在企业组织内进行落地运行，但在效率、准确性以及公平性等方面将会面临一些挑战。所以，通证 SAAS 系统平台是通证化激励体系运行的标准化配置，但是，在本书出版时，该系统平台还没有上线运行，尚处于设计论证阶段。

鉴于我们已经论证和达成共识的一个结论：未来的组织变革趋势是向基于可信价值互联网的分布式协作组织演进，所以，对于通证 SAAS 系统平台，我们萌生了通过分布式协作的方式，以共创共享的方式推进其设计和研发、运营和迭代工作的理念。

在这里，我们将通证 SAAS 系统平台初步的一些设计草案，与广大读者进行分享，希望阅读学习本书内容后对通证化激励高度认同和感兴趣的读者，一起加入优化、改进通证化激励体系及其支撑工具平台的协作网络中来，我们基于通证化组织的理念，共同践行通证化激励体系的理念和方法，并在践行中不断加深对通证化激励的理解和体悟，而后在实践和认知的基础上，进一步完善和升级通证化激励的理论和方法，开发通证化激励的支撑平台——通证化激励 SAAS 系统。

为此，我们建立了"通证化激励学习群"社群，欢迎认同通证化激励并对此有极大热情和有精力的读者，踊跃加入。添加方式详见前言。

接下来，我们将初步形成的通证 SAAS 系统平台的设计草案进行分享，需要强调的是，这只是初步草案，可能还存在诸多考虑不周的问题，公之于众的目的在于：共享讨论、协同创造。有任何想法和建议，以及有志于参与该系统设计开发和上线的读者，都请加入我们的社群，以便于一起践行分布式协作组织的要义。

## 草案分享

### 一、系统概述

1. 系统结构图

根据通证化激励体系的方法规则，通证 SAAS 系统平台分管理员端和用户端，管理员端主要由实行通证化激励的企业指派专门的通证化激励执行团队使用，用户端主要由企业里的各级职员使用。

通证 SAAS 系统平台的管理员端的功能结构如附图 1 所示。

## 附录1 通证化激励SAAS系统平台设计草案

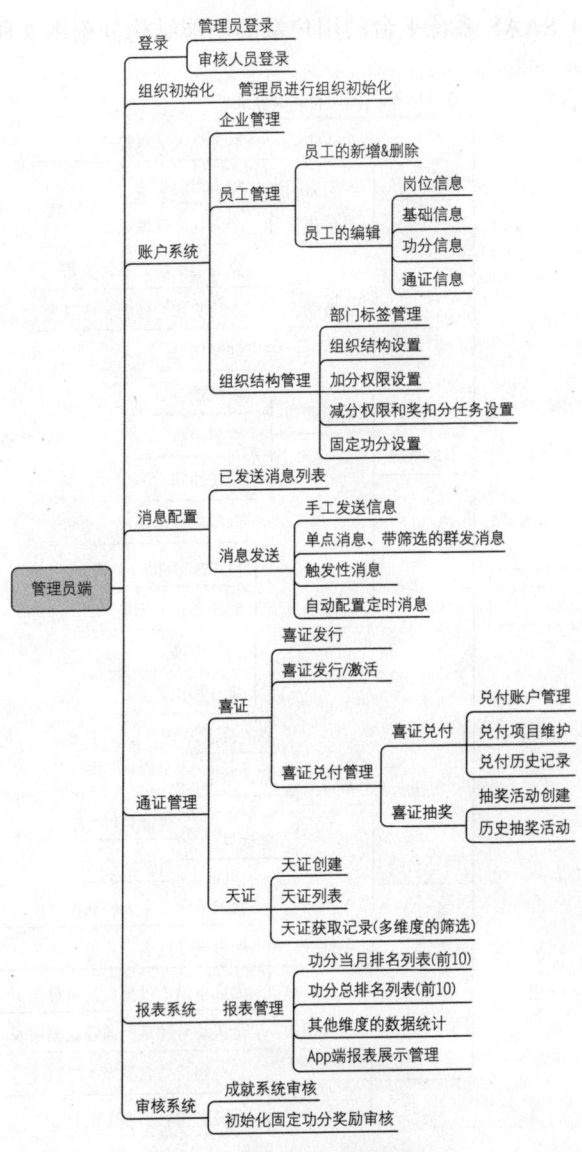

- 管理员端
  - 登录
    - 管理员登录
    - 审核人员登录
  - 组织初始化
    - 管理员进行组织初始化
  - 账户系统
    - 企业管理
    - 员工管理
      - 员工的新增&删除
      - 员工的编辑
        - 岗位信息
        - 基础信息
        - 功分信息
        - 通证信息
    - 组织结构管理
      - 部门标签管理
      - 组织结构设置
      - 加分权限设置
      - 减分权限和奖扣分任务设置
      - 固定功分设置
  - 消息配置
    - 已发送消息列表
    - 消息发送
      - 手工发送信息
      - 单点消息、带筛选的群发消息
      - 触发性消息
      - 自动配置定时消息
  - 通证管理
    - 喜证
      - 喜证发行
      - 喜证发行/激活
      - 喜证兑付管理
        - 喜证兑付
          - 兑付账户管理
          - 兑付项目维护
          - 兑付历史记录
        - 喜证抽奖
          - 抽奖活动创建
          - 历史抽奖活动
    - 天证
      - 天证创建
      - 天证列表
      - 天证获取记录(多维度的筛选)
  - 报表系统
    - 报表管理
      - 功分当月排名列表(前10)
      - 功分总排名列表(前10)
      - 其他维度的数据统计
      - App端报表展示管理
  - 审核系统
    - 成就系统审核
    - 初始化固定功分奖励审核

附图1 管理员端的功能结构

## 区块链之通证化激励与管理

通证 SAAS 系统平台的用户端的功能结构如附图 2 所示。

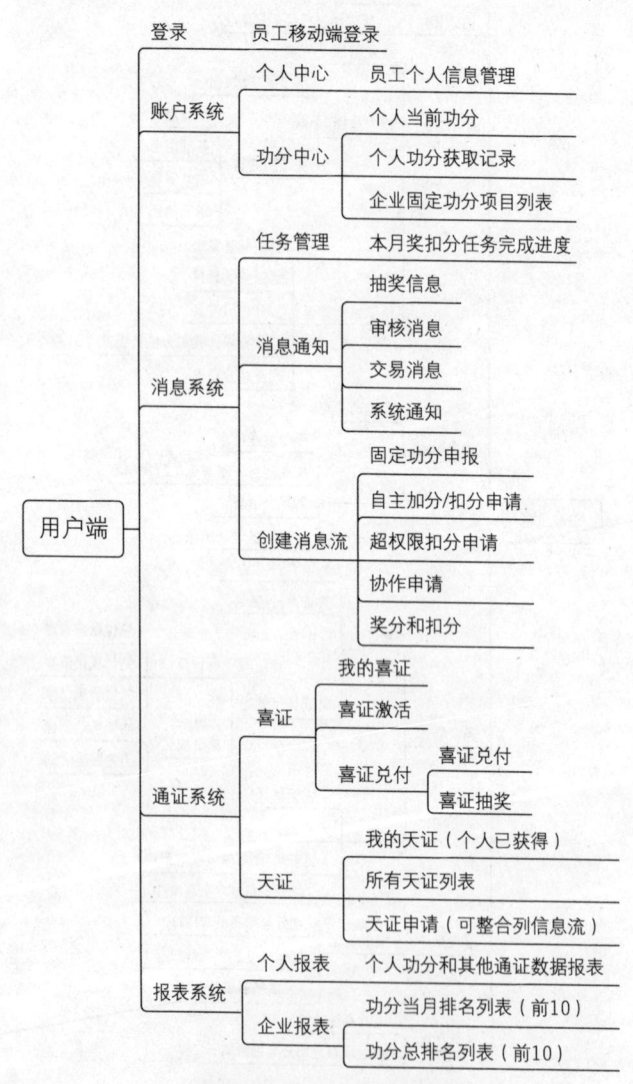

```
用户端
├── 登录 — 员工移动端登录
├── 账户系统
│   ├── 个人中心 — 员工个人信息管理
│   └── 功分中心
│       ├── 个人当前功分
│       ├── 个人功分获取记录
│       └── 企业固定功分项目列表
├── 消息系统
│   ├── 任务管理 — 本月奖扣分任务完成进度
│   ├── 消息通知
│   │   ├── 抽奖信息
│   │   ├── 审核消息
│   │   ├── 交易消息
│   │   └── 系统通知
│   └── 创建消息流
│       ├── 固定功分申报
│       ├── 自主加分/扣分申请
│       ├── 超权限扣分申请
│       ├── 协作申请
│       └── 奖分和扣分
├── 通证系统
│   ├── 喜证
│   │   ├── 我的喜证
│   │   ├── 喜证激活
│   │   └── 喜证兑付
│   │       ├── 喜证兑付
│   │       └── 喜证抽奖
│   └── 天证
│       ├── 我的天证（个人已获得）
│       ├── 所有天证列表
│       └── 天证申请（可整合列信息流）
└── 报表系统
    ├── 个人报表 — 个人功分和其他通证数据报表
    └── 企业报表
        ├── 功分当月排名列表（前10）
        └── 功分总排名列表（前10）
```

**附图 2　用户端的功能结构**

## 附录1 通证化激励SAAS系统平台设计草案

2. 用户角色

根据通证化激励的方法规则，通证SAAS系统平台的用户角色有管理员、审核员和企业员工，具体描述如附表1所示。

附表1 用户角色定义

| 序号 | 用户角色 | 角色描述 |
| --- | --- | --- |
| 1 | 管理员 | 每家企业一名，负责企业平台的管理 |
| 2 | 审核员 | 由管理员设置，负责相关内容的审核 |
| 3 | 企业员工 | 企业所有员工 |

二、功能描述

1. 登录

此部分主要描述管理员、审核员以及用户登录相关的功能需求。

（1）功能描述

登录功能为管理员、审核员以及企业员工提供登录、密码修改、密码找回等服务，管理员端和用户端均使用此功能。

（2）功能演示

管理员端登录界面如附图3所示。

附图3 管理员端登录界面（示意图，仅供参考）

257

用户端登录界面如附图 4 所示。

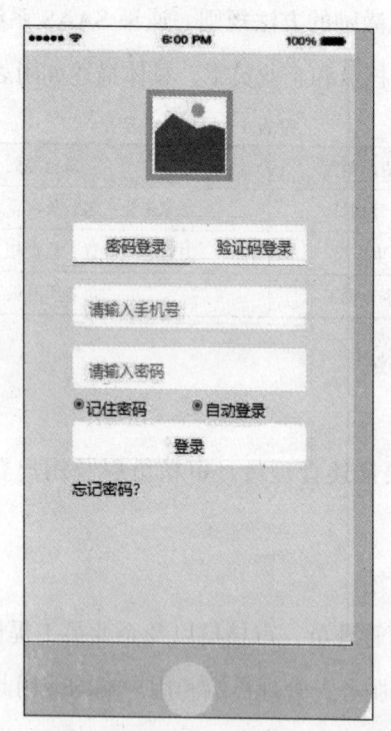

附图 4　用户端登录界面（示意图，仅供参考）

2. 企业组织初始化

此部分主要描述管理员初次登录进行企业组织初始化相关的功能需求设定。

（1）功能描述

组织初始化功能主要为管理员提供组织初始化服务，仅管理员使用此功能。

## 附录 1 通证化激励 SAAS 系统平台设计草案

（2）功能演示

企业组织初始化数据界面如附图 5 所示。

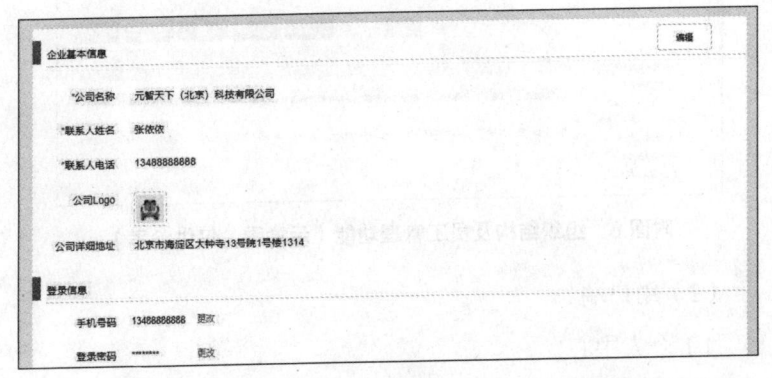

附图 5　企业组织初始化数据界面（示意图，仅供参考）

3. 账户系统

此部分主要描述管理员端和用户端账户设置相关的需求和功能。

（1）管理员端

1）企业管理

· 功能描述：该功能主要用于管理员对企业基础信息和工商信息进行编辑和修改。

· 功能演示：如附图 5 所示。

2）组织结构及员工管理

· 功能描述：该功能主要用于管理员新增、修改、删除和查看组织机构及员工相关信息。

· 功能演示：如附图 6 所示。

区块链之通证化激励与管理

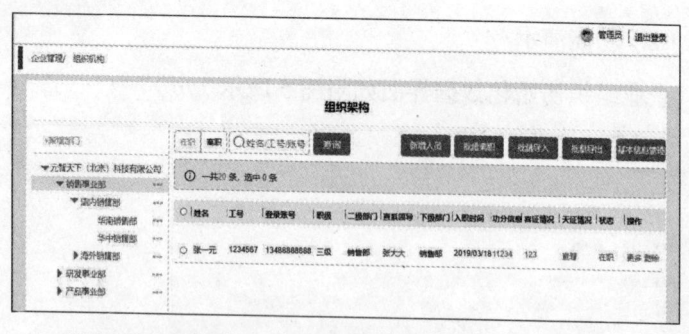

附图6 组织结构及员工管理功能（示意图，仅供参考）

(2) 用户端

1) 个人中心

·功能描述：该功能主要用于企业组织的员工进行个人信息的管理。

·功能演示：如附图7所示。

2) 功分中心

·功能描述：该功能主要用于员工进行个人功分信息的管理。

·功能演示：如附图8所示。

4. 消息系统

此部分主要描述管理员端和用户端进行信息通信的相关需求和功能。

(1) 管理员端

1) 发送消息

·功能描述：该功能主要用于管理员手动创建消息并选择对应人群进行发送。

## 附录 1　通证化激励 SAAS 系统平台设计草案

附图 7　个人中心
（示意图，仅供参考）

附图 8　功分中心
（示意图，仅供参考）

- 功能演示：如附图 9 所示。

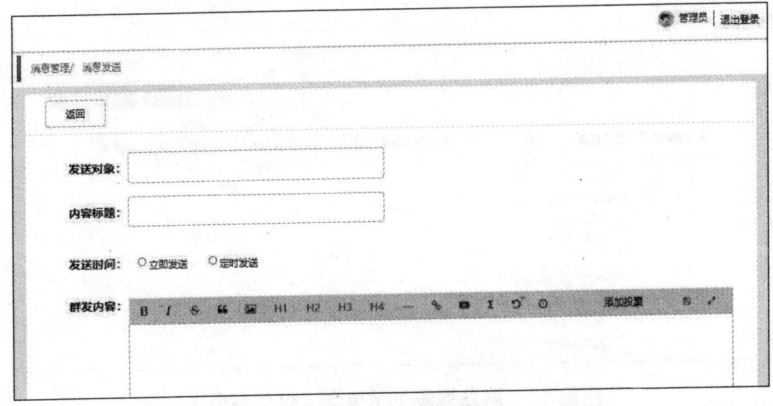

附图 9　发送消息功能（示意图，仅供参考）

2）触发性消息管理

・功能描述：该功能指在消息流某些环节配置自动通知，由管理员选择是否开启对应的消息通知。

・功能演示：如附图10所示。

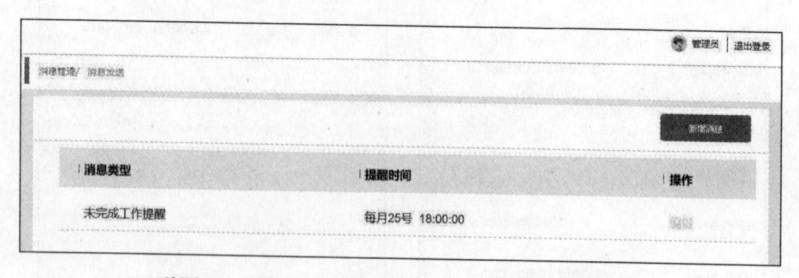

附图10　触发性消息管理（示意图，仅供参考）

3）消息列表

・功能描述：该功能主要用展示所有系统消息记录。

・功能演示：如附图11所示。

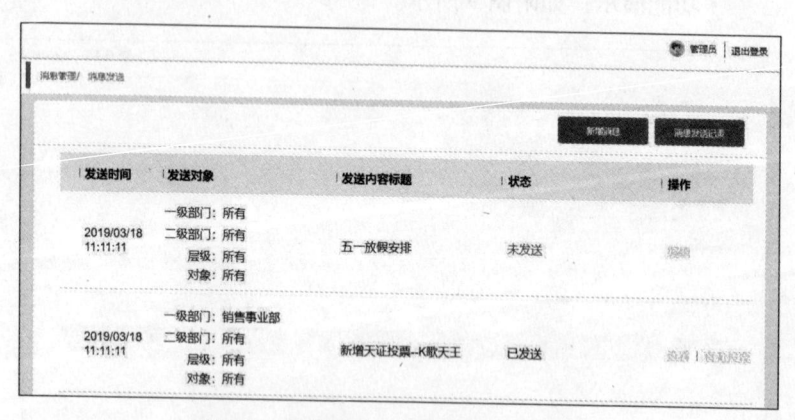

附图11　消息列表（示意图，仅供参考）

## 附录 1　通证化激励 SAAS 系统平台设计草案

（2）用户端

1）任务管理

· 功能描述：该功能主要展示用户当前待完成的功分奖扣任务。

· 功能演示：如附图 12 所示。

2）创建消息流

· 功能描述：该功能主要用于用户进行各种类型的消息流的创建。可创建的消息类型包括：固定功分申报、自主加分/扣分申请、超权限扣分申请、协作申请、奖分和扣分等。

· 功能演示：如附图 13 所示。

附图 12　任务管理功能
（示意图，仅供参考）

附图 13　功分相关消息流创建
（示意图，仅供参考）

3）消息列表

- 功能描述：该功能主要展示用户收到的各种类型的消息。
- 功能演示：如附图 14 所示。

**附图 14　用户端消息列表（示意图，仅供参考）**

5. 通证系统

此部分主要描述喜证和天证相关的需求和功能。

（1）管理员端

1）喜证

a. 喜证的发行

- 功能描述：该功能主要用于管理员对喜证发行规则进行设定。
- 功能演示：如附图 15 所示。

附录1　通证化激励SAAS系统平台设计草案

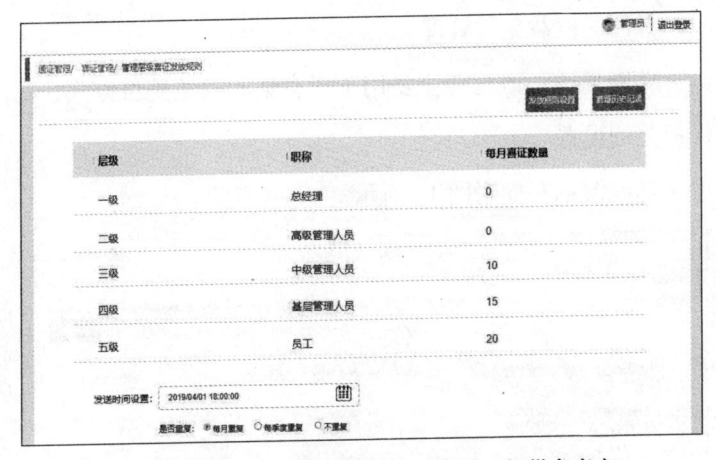

附图15　喜证发行规则设置（示意图，仅供参考）

b. 喜证的流通

· 功能描述：该功能主要用于记录和查看用户间喜证的流转情况。

· 功能演示：如附图16所示。

附图16　喜证流转情况（示意图，仅供参考）

## 区块链之通证化激励与管理

c. 喜证的权益兑付管理

• 功能描述：该功能主要用于对喜证的权益兑付方式、活动进行相关的设置。

• 功能演示：如附图 17 所示。

附图 17　喜证权益兑付活动设置（示意图，仅供参考）

2）天证管理

• 功能描述：该功能主要用于管理员对天证进行创建和设置。

• 功能演示：如附图 18 所示。

附图 18　天证管理（示意图，仅供参考）

## 附录1 通证化激励SAAS系统平台设计草案

（2）用户端

1）喜证

a. 我的喜证

·功能描述：该功能主要用于个人用户查看个人拥有的喜证以及喜证情况、个人喜证获取历史记录等。

·功能演示：如附图19所示。

b. 喜证转账

·功能描述：该功能主要用于个人用户将喜证从自己的账户转移至除自己之外的其他用户账户中。

·功能演示：如附图20所示。

附图19 我的喜证
（示意图，仅供参考）

附图20 喜证转账
（示意图，仅供参考）

c. 喜证兑付

·功能描述：该功能主要用于个人用户将喜证用于兑换相应的权益，如参与抽奖。

·功能演示：如附图 21 所示。

2）个人天证管理

·功能描述：该功能主要用于个人用户申请解锁天证、查看自己的天证等。

·功能演示：如附图 22 所示。

附图 21　喜证权益兑付
（示意图，仅供参考）

附图 22　个人天证管理
（示意图，仅供参考）

## 附录1 通证化激励SAAS系统平台设计草案

6.报表系统

此部分主要描述系统中各种数据记录的记录、查询、统计分析等功能。

（1）管理员端

·功能描述：该功能主要用于管理员进行企业组织范围内的功分、喜证、天证等相关数据的统计分析与查询。

·功能演示：如附图23所示。

附图23 报表分析（示意图，仅供参考）

（2）用户端

·功能描述：该功能主要用于个人用户查看个人数据分析以及企业相关报表，支持用户查看个人功分、通证等数据统计；支持用户查看企业数据统计，如功分当月排名、功分总排名等。

·功能演示：如附图24所示。

269

区块链之通证化激励与管理

附图 24　用户查看报表（示意图，仅供参考）

　　以上是我们基于通证化激励体系的方法规则，所设计的一个初版的通证 SAAS 系统的草案和原型，全盘分享给大家。需要再次强调的是，这只是其中的一种方案，而并非唯一方案，而且目前的方案中可能还存在很多不严谨、不合理甚至是谬误的地方。但这并不妨碍我们分享探讨的目的，我们的初心是与对通证化激励感兴趣并有志于深入探索、践行的伙伴，一起将

## 附录 1　通证化激励 SAAS 系统平台设计草案

通证化激励这种符合新时代组织演进范式的激励与管理方法，不断发扬壮大！

再次热忱邀请您加入"通证化激励学习群"社群，共同推动通证化激励体系在广大企业组织中落地生根。

# 附录2　通证化激励应用公开课节选

通证化激励既是一套方法工具体系，也是一套思想理念，在实践中应用的关键，是抓住其背后的思想精髓，按照基本规则灵活地进行应用。在通证化激励体系研发成型之后，本书作者团队曾针对广大中小微企业组织开展过一些应用通证化激励的公开课，分享了将如何将通证化激励应用于日常的管理中，解决一些具体而棘手的问题。本附录主要节选还原本书作者团队开展的几场公开课的文字稿，以期对读者进一步理解和灵活应用通证化激励能够提供一些参考和启示。

## 节选（一）：让员工像海底捞一样积极

大家好，从这一节开始，我将会结合我们看到的、经历的一些问题，运用通证化激励逐一进行分析和解决。

有一次去朋友的餐厅吃饭，人均200元左右的档次，进门站了半天也没有人过来接待，当时有两三个服务员因为忙着上菜从我的身边匆匆走过，这样的服务体验还是很难配得上人均200元的消费的。各位想想，经常让客户失望的门店，还会有回头客吗？

吃完饭我就跟我的这位朋友说，"你在服务质量上还是挺操

## 附录2 通证化激励应用公开课节选

心的吧？"就这一句话，他当时就决定要和我深入聊一下。

每个经营者都希望自己的店能做到最好，尤其是餐饮行业，海底捞的服务已经成为众多餐饮门店的模仿对象。可是服务制度规定得越来越详细了，业务培训过很多次了，服务质量强调强调再强调，为什么还是做不好？很多经营者会说，"我的员工积极性不高！"那我就要问一句了，为什么你有积极性？因为你在为自己干。所以我们看问题不要只看表面，员工没有积极性只是一个问题的表象，想解决这个问题就要弄明白其背后的原因。

我们先看看大部分员工是怎么想的：

- ×总又没看见，做和不做都一个样。
- 店是×总的，我操那么多心干什么？
- 我手上有活儿忙着呢，其他的活儿跟我就没关系了。

我们反复强调，问题的核心在于员工的原动力问题。我们希望员工自动自发地做，就像饿了要吃饭，渴了要喝水，困了要睡觉。如果员工没有动机，就算有制度，一旦经营者或者主管不盯，制度就会变成一纸空文，这也是经营者感到身心疲惫的原因。

那这节课开始提到的那个餐厅运用了"通证化激励"产生了怎样的效果呢？

有一次，一个员工发现店门口的家长带着孩子正在犹豫吃什么，喜欢孩子的她拿了一个小钥匙链哄孩子玩，于是家长决定就在这家吃饭了。员工的这个无心之举被店长看到了，当时就奖励了这个员工50功分。经营者知道了这件事，又追加了500功分，

### 区块链之通证化激励与管理

同时宣布，所有员工都可以对如何服务等位和路过并且犹豫的顾客提出建议，只要提建议就奖励100功分，如果建议被采纳再加200功分。此消息一出，几乎每名员工都提了建议。大家讨论最后采纳了3个方案。经营者又说了，谁把这些方案落实了，再奖励500功分，由于大家的争抢，最后只能抽签决定。

他们还做了很多有意思的尝试，比如，顾客就餐结束，只要送到店门口就奖励50功分。甚至还有员工主动提出了挣分的新方法，方案是这样的：客户结账的时候，店长可以给客户一张表扬卡，如果客户填写了服务员的号码，这个员工就可以获得50功分。这个方案施行之后，员工不仅挣到了功分，顾客的表扬也激励着员工越做越好。

还有的员工问我这位朋友，如果客人不多的时候，去后厨帮忙给不给功分呢？这可把我朋友乐坏了，当时就宣布，完成本职工作后，到别的岗位工作，每小时给100功分。

自从有了通证化激励中"功分"这个抓手，朋友越用越有感觉，已经不满足于员工积极性的提升了，最近跟我说他要求每个员工回到宿舍都要看半个小时的书，看了就奖50功分，目的就是让员工能够多学一些知识，多掌握一些技能，少打些游戏，不荒废青春。有个员工通过自学，从服务员成了门店的营销专员，薪资翻了一倍呢。

这些都是可喜的变化，当然也会有人问，每天看书奖励50功分，你怎么知道他看没看？这里我要告诉大家，功分是用来传递信号的，它帮助员工建立了每天都要看书的意识，即使有一两天没看，但意识已经具备，尤其刚开始推行的时候心血来潮，书肯定是买了的，迟早他会看。如果一直不看也没关系，当他发现别人都比他有学问的时候，自然就会着急了。而知道他没看书却还在领功分的人也不会心里不平衡，因为看书的人都知道，自己真正收获了什么。您说，是不是这个理儿？

最后，我还是做一下简单的总结：

第一，"通证化激励"是从员工的原动力入手，解决积极性不高的问题；

第二，这套方法越用越能体会其中的威力，所以要坚持用下去；

第三，分值设置需要平衡，这需要系统的学习，我们会有专门的课程详细讲解。

## 节选（二）：让员工成为你的智囊团

今天我们就来说一说，怎么应用通证化激励让员工主动思考的实操方法。

2006年的华为，在苏丹的一个项目失败，曾经参与这个项目的一位员工说，我们不但输了项目，还输了"人"。由于竞争对手的解决方案充分考虑了为客户降低运营成本的诉求，因此，华为输得没有脾气。

华为的客户负责人本来在与客户的交流中获取了这个信息，但他却没有把信息有效地传递给产品研发人员，而错失了良机。

2009年1月任正非在销服体系讲话中是这么说的：我们后方配备的先进设备、优质资源，应该在前线一发现目标和机会时就能及时发挥作用，提供有效的支持，而不是拥有资源的人来指挥战争、拥兵自重。谁来呼唤炮火，就该让听得见炮声的人来决策。

就是"让听得见炮声的人来决策"这短短的十一个字的教训，华为交了高昂的学费。

虽然让一线员工来做决策，并不适用于每一个企业，但一线员工的确是离顾客最近的人，他们最能感受到市场需要什么，不需要什么。所以，如果他们能够积极地提出建议，对于经营者来说，要好过自己的冥思苦想。但事与愿违，在大多数的时间里，员工是不愿意给老板提建议的。我们在运用五步法的时候，一定要搞明白员工的动机与担心，才能合理地解决这个问题。

那员工会担心什么呢？

第一，我拿的是员工的工资，没必要操其他的心，自己的事还没干完呢。这代表了一大部分员工的想法。

第二，我提的建议如果公司看不上怎么办？会不会让公司觉得我能力不够呢？

第三，我提的建议万一被采纳了，别的部门会说我给他们找活干的，甚至有可能被曲解为告状！

员工的这些担心不无道理，因为公司的态度，员工不明确，也就无法形成员工提建议的动机。很多企业都有意见箱，但是极少能收到意见，原因刚才也说明了。那么，运用五步法是如何解决的呢？

## 附录2　通证化激励应用公开课节选

江苏宿迁的一家足疗店是这么规定的：

每个月，员工都要提交至少一条建议，每条奖励100功分，如果被管理层采纳，追加500功分（注意，提交就奖100，采纳再奖500）。如果被采纳建议中，出现雷同的，谁提交得早，功分就奖给谁。

为什么这么设置呢？我们一起来分析一下。

第一，员工的福利是通过功分排名来设置的，有了功分的奖励，就让员工有了做这件事的动机，为什么呀？因为不做会落后嘛！首先，面子上不好看，其次，得不到更高等级的福利。

第二，功分是用来给员工信号的，表达了管理层赞赏什么样的行为，或者拒绝什么样的行为。有的企业经营者在学习通证化激励之后，还没有理解透彻，就有可能这样规定：每个月，员工都要提交至少一条建议，如果被管理层采纳，每条奖励500功分。区别在哪，您听出来了吗？对，就是少了只要提建议就奖励100功分这一项。功分是用来表达意愿的工具，您是否希望员工提出建议？如果希望，那就奖励。再说，功分不是钱，大大方方地给，最后都是按照排名来挂钩权益的。

而员工也感受到管理层对员工提建议的尊重和认可。所以，在使用功分的时候，大家一定要记住，只要你肯定一个行为，希望全体员工效仿，就一定要奖，不要关注是否成功或有效。

第三，当员工思考提什么建议的时候，让员工有了主人翁意识。这无形中引导了员工及时发现问题、思考问题、解决问题的习惯,同时又约束了员工,规避了自身的不良行为。您看,一条简单的规定,让企业收获了如此多的好处。

那这条规定的效果如何呢?这条规定颁布之初,的确是有一部分员工没有提建议,还处在观望的状态,但是看见提交的同事都得到了100功分,有的人甚至得到了600功分,差距一下就拉开了,第二个月,也加入了提建议的行列。

而企业最大的收获就是这些建议。当然,有一部分是不靠谱的,员工就是为了挣功分嘛,没打算被采纳,但即使是不靠谱的建议,企业也同样能够在一定程度上掌握员工的思想动态。还有一部分是关于改进的建议,比如哪个房间有发霉的味道,哪个房间窗户漏风,这些平时注意不到的地方,又影响着顾客的体验,统统有人帮经营者发现了。再有就是惊喜了,对于企业来说,是真正有建设性的建议。比如,有个员工提到,晚上来的顾客很多都会饿,想吃点夜宵,店里是不是可以准备一些速冻水饺、汤圆之类的方便食物?二十块钱一份,客户一般都不会在意,不仅可以促进销售额,还能提升服务品质。您看,这事员工不说,企业经营者可能永远不知道。后来企业也确实采纳了这条建议,煮饺子、煮汤圆这项任务,由于奖励功分,也由员工自己抢着承担了,没有增加任何人力成本,顾客更满意了,回头客自然也就多了。

就是这样,通过通证化激励可以让员工更积极地思考和参与企业经营管理,而员工的主动思考,主动担责,不仅让企业经营者能够看到问题,还能让企业的生意越做越大。

## 节选（三）：别让能者多劳又吃亏

我们今天来说一说关于能者多劳的那些事。

有句俗语叫"鞭打快牛"，讲的是这样一个故事：

一位农夫有两头牛，一头水牛和一头黄牛。农夫拉着两头牛耕田，他先给黄牛套上犁，任凭农夫怎么吆喝黄牛就是不走，折腾半天，也没干多少。无奈之下，农夫换上水牛，水牛不用吆喝就主动拉着犁往前走，但农夫还是不断地鞭打水牛。水牛很是不解，就停下来问："主人，我已经尽心尽力地帮你拉犁了，怎么还老是打我？"农夫说："黄牛不拉，只有你拉，不打得你跑快些，什么时候才能耕完田？"说罢又是一鞭。多次挨鞭子的水牛想：自己跑得越快，耕的田越多，被鞭打的机会就越多，而黄牛却在旁边优哉游哉地吃草，真不公平！

最终，它挣脱犁枷跑掉了。

在工作中，"鞭打快牛"的事，也是屡见不鲜。

干工作越快的人发现，总会有更多的工作安排下来；而那些慢悠悠的人，却一直工作量比较少。能够克服困难的人，总是在不断地克服困难；不善于克服困难的人，却总是可以得到较容易完成的任务。

慢慢的，"快牛"也没了动力，变成了"慢牛"，或者干脆离去。更有甚者，有的"快牛"在情绪影响下，成为团队的离心力和破坏力。"快牛"心有不满，"慢牛"乐得其所，团队就会变得越来越懒散，负能量占据上风，集体向"慢牛"看齐。

"鞭打快牛"的悲剧，实质上是个管理问题，我们还是从原动力的角度分析一下：

第一，能者多劳。这是很多经营者的惯性思维，您也许总是对那些能力不错的员工加以重用，久而久之变成了习惯，一有任务就首先想到他。您想想，是不是？可是呢，员工想要的很简单，锻炼自己的能力只是其中一方面，另一方面，是想升职加薪。他在期许一个未来，所以才会积极主动地做事，如果迟迟未见收益，也就逐渐没有了动力。

第二，做多错多。员工积极努力地抢事做，势必会因为经验不足，考虑不周而做得不够完美，有的管理者却过分关注不足的地方，提出批评，对积极主动的行为视而不见。员工会怎么想？早知道不抢这活干了。您可以想象一下，这样的负面情绪多了，员工也就越来越不积极了。

第三，不做不错。我们可能都会遇到这样的员工，总有各种理由无法承担新任务，企业管理者也没有什么好的办法，甚至有时候还得商量着来。这样的"老油条"往往不会受到惩罚，也没什么理由去惩罚他，却给了所有员工一个暗示，积极努力的都吃亏，"老油条"反而没什么损失，那我还是做个"老油条"好了。您看，积极也变成消极了，为什么呀？我付出了，他没付出，得到的回报没什么区别呀，那我这是图什么呀？

所以，解决问题的思路，一是，我们要让积极的员工知道，你的努力我看得见；二是，能者多劳不吃亏；三是，让不积极的

## 附录2　通证化激励应用公开课节选

员工意识到差距。

具体如何操作呢？

第一，把任务公布出来，凡是主动承接的，直接奖励功分，让员工形成抢着干的氛围和习惯；

第二，员工完成一个任务，要奖励功分，用功分告诉您的员工，你的贡献我看得到；

第三，员工如果能提前完成任务，追加奖励功分，这是告诉员工，你的能力得到了我的肯定。

一来二去，积极主动能力强的员工，功分会越来越多，排名靠前，反之，不积极的员工与他们的差距也会凸显出来。

当然，仅仅用功分记录员工的贡献还是不够的，激励员工的原动力是我们五步法的核心，即基于功分排名的权益。我们重点来看看，是如何通过排名挂钩权益，来实现激励的。

我们的学员赵总非常重视积极努力的员工，他根据自己公司的特点做了这么几项用心的规定：

第一，销售部门的月度第一名，可以享受3天赵总专车的使用权。说来也很有意思，赵总跟我说，他们有一个员工，在这3天里把大部分重要的客户重新拜访了一遍，其实呢，就是想显摆显摆自己开了奔驰，可这么一拜访，好事就来了，有的客户给他介绍了新客户，有的客户跟他续签了合同，从此他也找到了销售的门路，越来越重视老客户的维护，业绩越来越好。还有一个员工，拿到车的第一时间就是接女朋友去吃饭，回来后，就跟赵总说,以后要更加努力地赚钱买一辆这样的车,他女朋友很喜欢坐这车的感觉,这名员工有了自己的小目标,业绩自然也就越来越好了。

第二,各部门的月度第一名,可以受邀参加管理层月度会议,每次都由部门主管亲自邀请,员工感受到来自管理层的尊重,也有了话语权,参加会议的同时,感受到管理层的目标和考虑事情的逻辑,无形中提升了认知,扩大了视野,让自己也有了更加明确的职业规划,做起事情来,也就越来越符合公司的要求了。

第三,在刚过去的2018年度,年度排名前三的员工,被评为年度优秀员工,公开表扬,不仅得到现金奖励,还得到了一份价值两万元的家庭旅游基金。要求就是,一定要带着父母、老婆和孩子去玩一玩,以表达公司对于员工家属支持的感谢。在员工出发的时候,赵总还亲自去机场送行,当面又表达了对家属的感谢。这之后,一旦员工在工作中遇到了压力、不愉快,都不用您操心,家属就会第一时间站出来做思想工作:你看看,赵总靠谱人又好,公司福利也特别好,剩下的就是加油干。

您可以看到,权益的设计是很灵活、很多样的,不一定必须是物质奖励,您可以根据自身的情况和特点进行个性化的设计。综合运用通证化激励的方法规则,不但可以让努力的员工实时感受认可,让优秀的员工不吃亏,更能让积极成为一种氛围与习惯。所有的奖励都是依据排名产生的,每个员工都认同这个结果,自己不努力,能怪谁呢?排名靠后的员工有了追逐的目标,也就会变得更加优秀。